PABLO A. JIMÉNEZ

La Gran Comisión

Estudios bíblicos sobre la misión,
la evangelización y el ministerio cristiano

διδάσκω

Copyright © 2024 Dr. Pablo A. Jiménez
Prólogo por: Rev. Daniel A. Rivera Rosado

Prediquemos Inc. y Ediciones Didásko LLC.
All rights reserved

Publisher: Ediciones Didásko
San Juan, Puerto Rico
E-mail: ediciones.didasko@gmail.com
https://www.drpablojimenez.com

Diseño y maquetación: Eliezer E. Burgos Rosado

ISBN: 979-8-9883271-2-7

DEDICATORIA

Dedico este libro a dos ministros que confiaron en mí en momentos claves de mi vida. El primero es el Rev. David Asdrúbal Vargas, quien fuera Presidente del Ministerio Común para América Latina y el Caribe de la Iglesia Cristiana (Discípulos de Cristo) en los Estados Unidos y el Canadá y de la Iglesia Unidad de Cristo. David me reclutó para servir como misionero en el entonces Seminario Bíblico Latinoamericano en San José de Costa Rica en el 1986, donde trabajé profesor de Nuevo Testamento y Predicación hasta el 1988. Este puesto me permitió dar mis primeros pasos en el campo de la educación teológica.

El segundo es el Rev. Elías Cotto Cruz, quien fuera Pastor General de la Iglesia Cristiana (Discípulos de Cristo) del 1988 al 1992. Elías hizo una labor excepcional, que muchos todavía no han aprendido a apreciar en todo lo que vale. Tuve el privilegio de servir en la administración del Rev. Cotto como Director del Instituto Bíblico «Rev. Juan Figueroa Umpierre».

¡Que el Señor les bendiga mucho y siempre!

LA GRAN COMISIÓN

CONTENIDO

PRÓLOGO	1
INTRODUCCIÓN	7

ENSAYOS

1.	VOSOTROS SOIS LA SAL DE LA TIERRA (MATEO 5.13)	13
2.	LA «CONVERSIÓN» DE JESÚS (MATEO 15.21-28)	37
3.	LA GRAN COMISIÓN (MATEO 28.16-20)	57
4.	ID Y PREDICAD (MARCOS 16.15)	75
5.	MARTA Y MARÍA DE BETANIA: MODELOS DE DISCIPULADO CRISTIANO (LUCAS 10.38-42)	91
6.	EN TORNO A LOS CAMINANTES A EMAÚS (LUCAS 24.13-35)	105
7.	EL ESPÍRITU ME ORDENÓ QUE FUERA (HECHOS 10.1-11.18)	119

ACERCA DEL AUTOR

Pablo A. Jiménez es ministro ordenado de la Iglesia Cristiana (Discípulos de Cristo) en Puerto Rico. Es el Líder pastoral del Movimiento La Red, una comunidad de fe que se reúne por medio de las redes sociales. Jiménez cuenta con un Doctorado en Ministerio del Seminario Teológico de Columbia, en Decatur, GA. Autor de varios libros, ha enseñado en seminarios de América Latina, el Caribe y los Estados Unidos, tanto en inglés como en español. Tiene varias páginas web, entre las que se destacan www.pablojimenez.com & www.prediquemos.net. Además, es el productor y mantenedor de Prediquemos, un podcast dedicado a la predicación, el liderazgo y la teología pastoral.

PRÓLOGO

Durante toda la experiencia bíblica hay textos que nos recuerdan sobre la necesidad de responder a la misión de Dios. Desde la diversidad de excusas que Moisés le puso a Jehová en la escena de la zarza, el famoso "heme aquí, envíame a mí" del profeta Isaías y la respuesta firme de Ester antes de dirigirse a la corte del rey, "si perezco, que perezca". Ante todas estas respuestas, tenemos la certeza que la misión es una constante invitación atrevida de Dios para su pueblo. Reflexionar sobre la misión Cristiana es un proceso de humildad en procesar que somos invitados e invitadas a la misión y que esta no es nuestra, pero la misión busca ser un encuentro de bendición. Es por esto que, al considerar nuestra respuesta en la misión, todo el quehacer de la Iglesia, los líderes cristianos y los proyectos que se realizan, deben ser evaluados para propiciar una experiencia transformadora con la persona de Cristo. La evaluación de lo que hacemos como líderes e Iglesia tiene que ver con ser contextuales al momento de ejercer la misión en nuestras comunidades, familia y país. Por tanto, necesitamos puntualizar lo que somos y hacemos desde el mandato de Dios, en la persona de Cristo, para poder darle sentido al llamado a la Gran Comisión.

En este presente libro La Gran Comisión, el Dr. Pablo Jiménez nos explica a través de una variedad de estudios bíblicos, la propuesta de considerar repensar el llamado misional a la luz de las fuerzas sociales y evangelizadoras para que nuestros contextos puedan asimilar la fe. Conceptos como la "sal de la tierra" y la "luz del mundo", no pueden meramente ser compartidos sin el contexto adecuado para ir de la metáfora a la reflexión y, por ende, a la comisión. De primera instancia, el Dr. Jiménez nos presenta que la necesidad apremiante de la Gran Comisión es hacer la diferencia. La diferencia de sanar heridas, señalar la corrupción, velando por el medio ambiente, todo esto mientras guardamos el pacto, no como un mero símbolo sino como un acto de amor. Aceptar el reto de la Gran Comisión envuelve una gran incomodidad de mantener la misma santa, accesible y contextual para el acceso de todas y todos.

El Dr. Pablo Jiménez articula una visión diferente de la misión de Jesús como quien se convierte de lo particular a lo universal. Ejemplos para esto son los Encuentros de fe de los rechazados, la mujer Cananea y el centurión. Claramente esto presenta la necesidad de una revisión misional para una inclusión radical y no hacer acepción de personas. Fijémonos que Jesús no interrumpe con su poder sino, que estas dos personas le interrumpen con su fe. Como iglesia en misión, debemos estar apercibidos a ver qué episodios hoy interrumpen nuestras rutinas para transformar nuestra acción. Desde el contexto de quienes viven el rechazo, la Gran Comisión provee el espacio para la creación de una teología de la misión, representada en el Evangelio según Mateo, que reta nuestro concepto sobre una misión estática a una movilización de una misión justa y liberadora que acerca al Mesías a la gente para presentar la oportunidad de nuevos senderos.

La dicotomía entre obra social y predicación, demuestra una perspectiva limitada del Evangelio. Es por esto que el Dr. Jiménez presenta la necesidad de utilizar diversas vías para el alcance y cubrir la necesidad de las comunidades. Según lo expuesto, la articulación teológica de La Gran Comisión para la evangelización y misión de la Iglesia tiene que ver con entenderla como un elemento de proclamación, provocando una experiencia transformadora de la humanidad. La proclamación provocativa presenta una argumentación a favor de la deconstrucción de los poderes opresores contra la humanidad y afirma la promesa de la esperanza liberadora del mensaje de Jesús. Es importante proclamar esperanza aun en la depresión, escasez, confusión, quebranto y enfermedad: de lo contrario, el mensaje queda muy elevado y no considera la realidad de las personas. Otro elemento que unifica la gestión social y la proclamación, dentro de la misión, es el proceso del discipulado como clave educativa para vivir una constante conversión que brinde la oportunidad de alcanzar la misión: entendiendo que hemos sido llamados para vivir las enseñanzas y no retener, exclusivamente, la teoría. Parte de la Gran Comisión es profundizar en cómo realizar la obra desde la realidad de nuestros contextos para ser efectivos y relevantes a nuestras comunidades. Es importante, según la exposición del Dr. Jiménez, que como iglesias podamos unirnos para crear espacios de justicia para los marginados, movilizar el desarrollo para lo social y trascender el tiempo con una nueva espiritualidad para todo ser humano.

El mandato misionero que encontramos en la Gran Comisión tiene por esencia una acción universal que busca abarcar a toda persona, como elemento de justicia y a toda la creación como proceso restaurador. La experiencia evangelizadora tiene tres elementos importantes para considerar; movilización, universalidad y crisis. La movilización es presentada como la esencia de la Gran Comisión, que se extiende por encima de los tiempos y espacios para hacer su función. En cuanto a la universalidad, es la acción de la inclusión en el proceso evangelizador, donde se debe afirmar que hay lugar para todos y todas. Finalmente, el proceso de la crisis viene a puntualizar, según el Dr. Jiménez, la intención misional y la consciencia social que debe desprenderse del ejercicio evangelístico. Estos tres elementos construyen la experiencia de la misión como un escenario activo para el ejercicio de compartir las buenas nuevas de manera contextual. Uno de los ejemplos de contextualización que provee la Gran Comisión según el Dr. Jiménez es la afirmación del ministerio de la mujer en las figuras de Marta y María como modelos del discipulado cristiano. La participación y liderazgo de las mujeres en la Iglesia es vital para la expansión del Reino de Jesús, derrocando el sexismo, expandiendo la visión de la vocación ministerial en todas sus maneras, transformando la opresión y marginación de la mujer en el contexto eclesial en posición y trascendiendo la contemplación de la diversidad y vivir la acción de la equidad en la misión cristiana.

Si bien es cierto que la Gran Comisión es sumamente importante, también es cierto todo lo que conlleva vivir la misión y evangelización desde el contexto del ministerio cristiano. La gran misión de la Gran Comisión es interrumpir nuestras rutinas solitarias, egoístas y prejuiciadas, transformando el carácter evangelizador en una gestión de amor. La interrupción de Jesús a los caminantes de Emaús, como uno de los estudios bíblicos en este libro, sugiere una renovación por la pasión del compartir el Evangelio. Nos fijamos que Jesús les recuerda, por la palabra, todas las promesas que se habían de cumplir y propone, desde la resurrección, profundizar en el corazón de ellos y, por tanto, en el corazón de toda la humanidad. El ardor por el Cristo Resucitado debe transferirse en el ardor por el cumplimiento de la Gran Comisión en nuestras congregaciones, hacia las nuevas generaciones, para la renovación vocacional y ministerial, y, ante todo, para afirmar el Reino de Dios con nuestras acciones. Todo el ardor que produce el encuentro transformador con Cristo, conlleva ser guiados a un mayor propósito por su Espíritu. Tal como el Espíritu ordenó a Pedro a trascender sus prejuicios e ir a casa de Cornelio, Dios nos invita a que la Gran Comisión se considere como un proceso de contextualización para brindar un Evangelio activo, entendible y que ministre a las personas distintas a nosotros, para desde la diversidad podamos construir realmente la esperanza y ser cuerpo de Cristo para que el Espíritu tenga lugar de acción para la expansión del Reino de los Cielos.

Toda esta propuesta de la Gran Comisión me hace recordar las veces que participé en alguna actividad de evangelización en la iglesia donde crecí. Siempre se procuraba trabajar con la necesidad de las personas, hablarles del amor de Dios y orar por ellos. Al continuar formándome en el ministerio, una vez se me dijo con mucho amor antes de predicar, "cuando prediques, solo habla del amor de Dios y el resto le toca a Él". Estas palabras me las dijo el Dr. Pablo Jiménez hace varios años atrás cuando tuve la tremenda oportunidad de trabajar con él en una de sus pastorales en Puerto Rico, como líder de juventud. Atesoro mucho sus consejos, enseñanzas y la gestión de amor al considerarlo como mentor. En este libro encontrarán el mismo consejo que me dio hecho contenido, hablar del amor de Dios nos moviliza a responder a su misión y permite que otras y otros se acerquen también a su presencia.

Rev. Daniel A. Rivera Rosado
Guaynabo, Puerto Rico

LA GRAN COMISIÓN

INTRODUCCIÓN

A través de los años, he presentado un sinnúmero de estudios bíblicos en distintos contextos. Comencé a preparar y a compartir estudios bíblicos cuando estaba en la *Universidad de Puerto Rico* (Recinto de Río Piedras), tanto en mi Iglesia local como en grupos de estudio de la *Asociación Bíblica Universitaria* (ABU), entidad afiliada a la *Comunidad Internacional de Estudiantes Evangélicos*. Comenzados mis estudios teológicos en el *Seminario Evangélico de Puerto Rico*, pastoreé *la Iglesia Cristiana (Discípulos de Cristo) en el Barrio Sonadora* de la ciudad de Guaynabo de dicho país. La tarea pastoral, claro está, requería que presentara estudios bíblicos casi todas las semanas. Años después la vida me llevó a hacer estudios teológicos avanzados y me dio el privilegio de cumplir mis dos sueños dorados: enseñar predicación al nivel de seminario y escribir materiales teológicos para publicación. Como profesor, he tenido el privilegio de ofrecer estudios bíblicos en varios países, ante varias audiencias y en varios idiomas. Sin embargo, las experiencias que tuve en los grupos pequeños de ABU y en mi iglesia local son las que, hasta hoy, definen mi manera de acercarme al texto bíblico.

I. Misión, evangelización y ministerio

Este libro recoge varios de los estudios bíblicos que he presentado o publicado a lo largo de los años. Como explico en detalle más adelante, cada estudio fue escrito en un momento y para una audiencia distinta. Sin embargo, he titulado la colección «La Gran Comisión: Estudios bíblicos sobre la misión, la evangelización y el ministerio cristiano». La pregunta que se impone es: ¿Por qué?

Basta una mirada somera a la tabla de contenido del libro para darse cuenta de que hay tres temas que—como hilos de plata—corren a través de todos los escritos recogidos en esta colección. Los siete estudios bíblicos que ofrecemos aquí tratan—en alguna medida—sobre la misión, la evangelización y el ministerio de la Iglesia. Algunos enfocan en la tarea misionera de la comunidad cristiana. Otros tratan sobre la tarea evangelística. Aún otros hablan primordialmente sobre temas relacionados al ministerio cristiano, tales como el liderazgo, la educación cristiana, y la pastoral de la mujer, entre otros. La selección de estos temas refleja tanto el énfasis misionero que aprendí de mis compañeros de universidad en ABU como mi experiencia como pastor, al nivel de la iglesia local, y como ejecutivo denominacional tanto en Puerto Rico como en los Estados Unidos y Canadá.

La misión cristiana es, pues, la razón de ser de la Iglesia de Jesucristo en el mundo. En este sentido, todo lo que hace una congregación—desde la evangelización, hasta el servicio comunitario y la construcción de nuevas facilidades—debe estar orientado al cumplimiento de la tarea misionera de la iglesia.

La misión cristiana es también la razón de ser de este libro. El propósito principal del mismo es ayudar al liderazgo cristiano a reflexionar sobre la misión y el ministerio de la Iglesia hispanoamericana contemporánea. Espero, pues, que el liderazgo laico y los agentes pastorales que lean estas páginas encuentren materiales que les ayuden a enriquecer los estudios bíblicos y los sermones que deben ofrecer a sus congregaciones. Más aún, espero que las reflexiones que aquí ofrezco les ayuden a evaluar sus ministerios, llamando a sus congregaciones a vivir para servir a Dios y a los demás con excelencia. Digo «excelencia» porque, aunque Dios se place de hasta el más sencillo acto de adoración, la Iglesia debe esforzarse para dar lo mejor de sí misma al Dios que en Cristo ha sacrificado lo mejor de sí por nuestra salvación.

Dos de los estudios bíblicos recogidos en este libro están relacionados a la pastoral de la mujer. Es decir, intentan ofrecer perspectivas que ayuden a la Iglesia a alcanzar, a servir, y a edificar a la mujer. Ofrezco estas perspectivas con humildad, sabiendo que un hombre jamás podrá comprender a profundidad la marginación que sufre la mujer hispanoamericana. Si me atrevo a tocar este tema, lo hago en solidaridad con las mujeres de nuestras Iglesias y de nuestros países. En fin, lo hago esperando que mis hijas puedan crecer en un mundo más justo, más solidario, y más inclusivo.

II. Cada cual tiene su historia

Esta colección contiene dos tipos de estudios bíblicos. Por un lado, recoge cinco estudios que tienen un corte más académico. Esto explica por qué son más largos y tienen más notas bibliográficas. Por otro lado, contiene dos estudios bíblicos que tienen un corte más pastoral y homilético. Esto explica por qué son más breves y por qué tienen menos notas bibliográficas.

Todos los estudios contenidos en este libro analizan pasajes bíblicos del Nuevo Testamento, particularmente de los evangelios sinópticos y el libro de los Hechos de los Apóstoles. He organizado los estudios de acuerdo con el orden canónico, es decir, siguiendo el orden de los libros de la Biblia. Sólo uno de los estudios ha sido publicado anteriormente, y el mismo ha sido debidamente revisado, atendiendo principalmente cuestiones de estilo.

El primer estudio se titula «Vosotros sois la sal de la tierra» y estudia Mateo 5.13, enfocando con en el rol sociopolítico del creyente. Este artículo fue presentado en el 1996 ante la *Alianza Ministerial Hispana de Filadelfia,* dirigida entonces por el Rev. Luis Cortés. De esa humilde organización nació *Esperanza,* una de las instituciones más importantes del ámbito religioso estadounidense. Este es el escrito más largo del libro.

El segundo estudio es una reflexión sobre el encuentro entre Jesús y la Mujer Cananea narrado en Mateo 15.21-28. Aunque he publicado anteriormente otros artículos sobre este tema, este es un estudio bíblico nuevo titulado «La "conversión" de Jesús». Debe quedar claro que uso la palabra «conversión» en referencia a la política misionera de Jesús. Antes del encuentro con la Cananea, el movimiento de Jesús sólo ministra a personas judías. Después de dicho encuentro, Jesús abre la misión hasta incluir a toda la humanidad.

El tercer estudio analiza el relato de la Gran Comisión que se encuentra en Mateo 28.16-20. La primera versión de este estudio fue presentada en Nueva York, ante la Asamblea de la *Convención Hispana del Noreste de la Iglesia Cristiana (Discípulos de Cristo),* en marzo de 1992. Una segunda versión fue publicada en la revista *Apuntes* en el 1992. La versión que incluimos aquí fue publicada en la revista *Vida y Pensamiento,* de la *Universidad Bíblica Latinoamericana,* en el 1995. Este artículo fue escrito en diálogo con el ensayo de Rubén Lores titulado «Estudio exegético de la Gran Comisión, según Mateo 28.18-19» publicado en *Hacia una teología de la evangelización,* editado por Orlando E. Costas. Sin saberlo, escribí la primera versión de este artículo pocos días después que Don Rubén falleciera en la ciudad de San José, Costa Rica. Escribí este artículo en su honor.

El cuarto escrito, titulado «Id y predicad», es un análisis de la versión de la Gran Comisión que aparece en Marcos 16.15. El mismo fue presentado en Long Beach, California, ante la

Convención Hispana del Pacífico de la Iglesia Cristiana (Discípulos de Cristo) en su asamblea de junio del 2001.

El quinto estudio se titula «Marta y María de Betania: Modelos de discipulado cristiano» y estudia Lucas 10.38-42. Fue presentado en el retiro de capacitación para líderes de la *Confraternidad de Mujeres Cristianas Hispanas de la Iglesia Cristiana (Discípulos de Cristo)* que se llevó a cabo en Phoenix, Arizona en enero de 2000. Comparado con los escritos anteriores, este tiene sabor homilético.

El sexto se titula «En torno a los caminantes a Emaús» y analiza Lucas 24.13-35. Hace varios años escribí un estudio bíblico inductivo sobre este texto titulado «El propósito de la educación cristiana». El mismo formaba parte de una colección de escritos que usaba para ofrecer talleres para maestros y maestras de escuela bíblica. Finalmente, decidí escribir un estudio bíblico formal sobre este texto, explorando su impacto para la misión cristiana.

El séptimo y último estudio bíblico analiza Hechos 10.1 al 11.18 se titula «El Espíritu me ordenó que fuera». El mismo fue escrito originalmente en inglés y fue presentado en «Sessions 2000», la reunión nacional de la *Confraternidad de Caballeros Cristianos (Discípulos de Cristo) en los Estados Unidos y el Canadá,* que ese año se llevó en Des Moines, Iowa. Este escrito también tiene sabor a sermón. Además, está escrito desde una perspectiva postcolonial mucho más clara que el resto.

III. Con agradecimiento

Son muchas las personas que han sido de bendición a mi persona y a mi ministerio durante los pasados años. Agradezco, pues, a mis muchos hermanos y a mis muchas hermanas en la fe el apoyo brindado durante este espacio de tiempo.

Le doy gracias al Rev. Daniel A. Rivera Rosado por escribir el prólogo que presenta este libro. Gracias Daniel, por ser mi compañero en el ministerio y mi amigo personal. Agradezco, además, la oportunidad de aportar con este libro al proyecto que emprenden a través de Ediciones Didásko LLC y que se constituye en una plataforma para impulsar a quienes interesan publicar, pero no han encontrado esa mano que les impulse y guíe en el proceso. Mis felicitaciones y reconocimiento a la Junta de Directores de Ediciones Didásko: Eliezer E. Burgos Rosado, Daniel A. Rivera Rosado, Edgardo J. Fuentes Colón y Fernando Pérez Torres.

No puedo olvidar la Iglesia Cristiana (Discípulos de Cristo) en Espinosa, ubicada en la ciudad de Dorado, Puerto Rico, que me dio el honor de servir como su pastor y el espacio profesional para poner en práctica todas estas ideas sobre la misión, la evangelización y el ministerio cristiano.

También debo reconocer el apoyo de mi familia, que me da el espacio emocional para llevar a cabo mi ministerio. Doy gracias a Dios por Antonio José, mi hijo mayor, por Paola Margarita, mi niña mimada, y por Natalia Isabel, ángel amado. En los momentos cuando el peso de las tareas ministeriales me conduce a la tristeza y a la melancolía, su risa me recuerda la alegría de vivir.

Finalmente, doy gracias a Dios por su continua presencia y por darme el privilegio de vivir en el mundo que ha provisto para toda la humanidad.

Pablo A. Jiménez
Mebane, North Carolina
21 de febrero de 2024

1

VOSOTROS SOIS LA SAL DE LA TIERRA (MATEO 5.13)

Cuando llegué a la fe—en el 1975—el tema del rol social y político del creyente en la sociedad ocupaba un lugar central en la vida de la iglesia. Los muchos y agrios debates inspirados por el tema causaban profundas divisiones en el pueblo de Dios. Por un lado, una parte de la iglesia defendía la posición aprendida de los misioneros: La iglesia no debe «meterse» en la política. Por otro lado, los sectores más jóvenes del pueblo evangélico—inspirados en parte por el ejemplo de Martin Luther King, Jr.—afirmaban que la iglesia tiene una labor profética que realizar.

En ocasiones, este debate se manifestaba en la controversia entre la «evangelización» y la «obra social». Los sectores más conservadores afirmaban que la misión de la iglesia era «predicar el Evangelio» (entendiendo la predicación como la mera verbalización del mensaje cristiano). Por su parte, los sectores más progresistas o liberales recalcaban la importancia de desarrollar proyectos prácticos que mejoraran el nivel de vida de la sociedad.

Es sorprendente ver como esta situación ha cambiado a través de los años. Hoy día, la inmensa mayoría del pueblo de

Dios reconoce que la iglesia tiene una labor social y política que realizar. Por ejemplo, los sectores evangélicos conservadores—los mismos que antes afirmaban que la iglesia no debía «meterse en política»—se han convertido en una de las fuerzas políticas más influyentes en los Estados Unidos. Del mismo modo, la iglesia ha comprendido que el debate entre la evangelización y la «obra social» es estéril. Nuestras denominaciones también han comprendido que la preocupación por la dimensión social y política de la fe no es un abandono de las verdades fundamentales del Evangelio. ¡Todo lo contrario! Esta preocupación surge cuando el creyente lleva hasta sus últimas consecuencias las enseñanzas del Evangelio acerca de Dios, Jesucristo, la humanidad y el mundo.[1]

Ahora bien, este consenso termina a la hora de determinar la *forma* que debe tomar ese compromiso social y político de la iglesia. Para algunos, la iglesia debe levantar su voz sólo para defender los valores tradicionales de la sociedad norteamericana—los llamados «family values». Para otras personas, la iglesia debe tomar acción en contra de problemas sociales tales como la pobreza, el discrimen racial y opresión económica.

¿Cuál es, pues, la tarea social de la iglesia? ¿Cuál es el rol social y político del creyente en la sociedad? Esta es la pregunta central que trataremos de contestar en este escrito. Nuestra reflexión seguirá el siguiente orden. En primer lugar, exploraremos la base bíblica para la acción social y política del creyente. Segundo, compartiremos puntos de vista teológicos sobre el ministerio social del creyente. Tercero, discutiremos las diversas posturas políticas que la iglesia ha adoptado a través de los tiempos. Finalmente, ofreceremos pautas para la acción pastoral.

---

[1] Samuel Escobar, *Evangelio y realidad social: Ensayos* (El Paso: Casa Bautista de Publicaciones, 1988), 11.

I. La parábola de la sal: Mateo 5.13

El texto que servirá de base a nuestra reflexión es la «Parábola de la sal»,[2] en la versión que forma parte del Sermón del Monte en el Evangelio según Mateo.

> Vosotros sois la sal de la tierra; pero si la sal se desvaneciere, ¿con qué será salada? No sirve más para nada, sino para ser echada fuera y hollada por los hombres. (Mt. 5.13)

Este corto y enigmático texto tiene paralelos tanto en el Evangelio de Marcos como en el de Lucas.[3] El texto de Marcos se encuentra al final del capítulo 9, siendo el último de una serie de textos que advierten a los creyentes sobre el peligro de caer en pecado.

> Porque todos serán salados con fuego, y todo sacrificio será salado con sal. Buena es la sal; mas si la sal se hace insípida, ¿con qué la sazonaréis? Tened sal en vosotros mismos; y tened paz los unos con los otros. (Mc. 9.49-50)

Por su parte, Lucas coloca este pasaje al final del capítulo 14; el último de una serie de textos que tratan sobre el costo del discipulado cristiano.

> Buena es la sal; mas si la sal se hiciere insípida, ¿con qué se sazonará? Ni para la tierra ni para el muladar es útil; la arrojan fuera. El que tiene oídos para oír, oiga. (Lc. 14.34-35)

---

[2] Desde el punto de vista técnico, este pasaje no es una parábola sino un símil o una metáfora extendida. Véase a Joseph A. Fitzmyer, *The Gospel According to Luke X-XXIV*, en la serie *The Anchor Bible* (Garden City, New York: Doubleday and Company, 1985), 1068.

[3] Al parecer, este texto circuló en dos versiones: una en Marcos y otra en la fuente «Q». Mateo y Lucas siguen la versión de Q. Mateo la combina con material especial característico de su Evangelio (SM). Las frases «Vosotros sois la sal de la tierra» y «hollada por los hombres» son especiales de Mateo. El resto de la parábola proviene de Q.

En estos textos Jesús compara a los creyentes con la sal. Esto no debe sorprendernos. En el mundo antiguo la sal era un elemento muy importante. Esta se empleaba para purificar, para sazonar y para preservar (por ejemplo, las carnes saladas o «curadas»). Por ser un preservativo, la sal representa la incorrupción y la perpetuidad.[4] Estas cualidades convirtieron la sal en un símbolo de valor y durabilidad.[5]

Las facultades preservativas de la sal la convirtieron en un artículo de primera necesidad para la vida en el mundo antiguo. Por esta razón, vino a ser sinónimo de las fuerzas esenciales dadoras de vida y llegó a alcanzar significado religioso.[6] Para el pueblo hebreo—igual que para los griegos, los persas y los árabes—la sal simbolizaba relaciones duraderas, tales como las entabladas por medio de pactos. Por ejemplo, en la Biblia la expresión «pacto de sal» (Nm. 18.19; 2 Cr. 13.5) significa «pacto permanente», ya que comer sal con una persona implicaba estar unida a ella en lealtad.[7] En este sentido, la sal tipifica las cualidades religiosas y morales que deben caracterizar la manera de hablar de una persona cristiana (Col. 4.6).[8]

Ahora bien, la sal era importante no sólo por sus propiedades como condimento y preservativo o por su significado religioso. Era importante también porque es esencial para la salud de los seres humanos y de los animales. Quien se priva de consumir sal puede experimentar, a corto plazo, mareos, nausea y debilidad. A largo plazo, la persona puede experimentar deshidratación, baja presión, estados de coma y, finalmente, la muerte. Por esta razón, la sal—

---

[4] Jorge E. Díaz, s.v. «Sal», en *Diccionario Ilustrado de la Biblia,* editado por Wilton Nelson (En adelante «DIB», Miami: San José, 1974), 578.
[5] Friedrich Hauck, s.v. «alas», *Theological Dictionary of the New Testament,* vol. I, editado por Gerhard Kittel (Grand Rapids, Michigan: Wm. B, Eerdmans Publishing Company, 1964), 228.
[6] Suzanne Richard, s.v. «Salt», en *Harper's Bible Dictionary* (San Francisco: Harper, 1985), 893.
[7] J.F. Ross, s.v. «Salt», en *Interpreter's Dictionary of the Bible,* vol. IV, (Nashville: Abingdon Press, 1962), 167.
[8] Hauck, 229.

especialmente la sal de roca—era utilizada en el mundo antiguo en forma medicinal. Algunas de las prácticas bíblicas—como la costumbre de frotar con sal a los recién nacidos (Ez. 16.4)—probablemente tenían propósitos medicinales (otra posibilidad es que tuviera algún significado religioso, tal como el de proteger a la criatura de las influencias demoníacas).[9]

En el mundo antiguo, la sal era tan valiosa que hasta era usada como moneda. De hecho, la palabra «salario» se deriva del vocablo latino *salarium* que quiere decir «dinero de sal» y se refiere a la cantidad de sal que se les daba a manera de sueldo a los soldados romanos. Además, la sal era uno de los principales artículos de comercio en el mundo antiguo.

Para entender la frase «vosotros sois la sal de la tierra» es necesario tener presente todas estas características de la sal. Queda claro que, por medio de esta comparación, Jesús afirma que sus discípulos—y por lo tanto la iglesia emergente—harían una gran diferencia en el mundo. Sin embargo, los comentaristas tienden a interpretar este texto en forma bastante limitada. Los intérpretes católicos afirman que los discípulos llegan a ser la sal de la tierra por medio de sus buenas obras. Esta interpretación se apoya en Mateo 5.16: «Así alumbre vuestra luz delante de los hombres, para que vean vuestras buenas obras, y glorifiquen a vuestro Padre que está en los cielos.» Por su parte, la interpretación clásica protestante es que los creyentes darán «sabor» a la tierra por medio de la evangelización.[10]

Tanto la interpretación católica como la protestante tienen algo de verdad. No obstante, propongo una interpretación más amplia. Creo que el texto evoca la gran variedad de usos y connotaciones de la sal en el mundo antiguo.[11] La sal aparece aquí como imagen de lo que purifica, de lo que da sabor, de lo

---

[9] J.F. Ross, 167.
[10] Pierre Bonard, *Evangelio según San Mateo* (Madrid: Ediciones Cristiandad, 1976), 95.
[11] M. Eugene Boring, «The Gospel of Matthew», en *The New Interpreter's Bible*, vol. VIII (Nashville: Abingdon Press, 1995), 181.

que cura y de lo que conserva. La sal se refiere a lo que confiere precio, valor, utilidad a lo que debe ser salado.[12] En este caso, lo que debe ser salado es la «tierra», palabra que Mateo emplea como sinónimo de la humanidad entera y del mundo habitado.[13]

En este sentido, la frase «vosotros sois la sal de la tierra» quiere decir lo siguiente:

- Ustedes le *dan sabor* a la humanidad.
- Ustedes *preservan* al mundo de la corrupción.
- Ustedes *sanan* al mundo herido por la enfermedad del pecado.
- Ustedes *santifican* al género humano.
- Ustedes *purifican* la tierra.
- Ustedes son *símbolo del pacto* entre Dios y la humanidad.

Del mismo modo en que un poco de sal sazona toda la comida, ustedes, a pesar de ser un grupo pequeño, pueden hacer *una gran diferencia* en el mundo.

Si bien la frase «vosotros sois la sal de la tierra» es difícil de entender, la segunda parte de la parábola de la sal no es menos problemática: «pero si la sal se desvaneciere, ¿con qué será salada? No sirve más para nada, sino para ser echada fuera y hollada por los hombres.» La dificultad principal es que la sal, químicamente, no puede perder su sabor.[14] La sal sólo «pierde su sabor» cuando se mezcla con otros elementos y se vuelve tan impura que es imposible percibir su sazón.[15] Esto es probablemente lo que Jesús tenía en mente al decir esta

---

[12] Bonnard, p. 95.

[13] En Mateo, tanto la «tierra» (v. 13) como el «mundo» se refieren a la totalidad de la humanidad (9.6; 10.34; 12.42; 24.30). Véase a Bonnard, páginas 95-96 y a Edouard Schweizer, *The Good News According to Matthew* (Atlanta: John Knox Press, 1975), 100.

[14] Bonnard, 96.

[15] Boring, 181.

parábola, dadas las características de la sal palestinense. Este tipo de sal se obtenía mediante la evaporación de las aguas del Mar Muerto, aguas que contienen distintas substancias químicas. Por esta razón, la sal resultante no es pura, sino una mezcla de sal común y de cal. Esta «sal» podría ser «insípida» si la concentración de sal era muy pobre.[16] Esta «sal insípida» pierde su función y carece de uso alguno.[17]

En este texto la sal representa esa cualidad interna característica del creyente cuya pérdida le hace inútil.[18] La parábola nos enseña que, del mismo modo en que la sal tiene un propósito, la comunidad de discípulos no existe para sí misma sino para bien de la humanidad.[19] Aquellos creyentes cuya práctica de la fe no se caracteriza por el servicio al necesitado son como la «sal insípida»:[20] no tienen utilidad alguna.

Otra interpretación nos recuerda que la sal era usada también para preservar el «combustible» empleado por las familias pobres y campesinas de Galilea. Dicho combustible era estiércol. Como indicamos anteriormente, llegaba el momento en que la sal se volvía tan impura que ni siquiera podía ayudar a encender el fuego. Esto explica por qué la versión de Lucas afirma que la sal que ha perdido su sabor no sirve ni siquiera para ser echada al «estercolero», aunque algunas traducciones cambian esa palabra por «muladar».[21]

---

[16] I. Howard Marshall, *Commentary on Luke* (Grand Rapids, Michigan: Wm. B, Eerdmans Publishing Company, 1978), 596.

[17] Boring, 181.

[18] Hauck, 229.

[19] Ulrich Luz, *Matthew 1-7: A Commentary* (Minneapolis: Augsburg Press, 1989), 251.

[20] Lamar Williamson, Jr. *Mark*, en la serie *Interpretation* (Atlanta: John Knox Press, 1983), 172.

[21] Bruce J. Malina y Richard L. Rohrbaugh afirman que en los tiempos de Jesús las personas pobres cocinaban en hornos de barro, usando estiércol seco como combustible. La sal se utilizaba como un catalítico para hacer que el estiércol se encendiera. Cuando los pedazos de sal perdían su sabor, también perdían su capacidad de encender el fuego. *Social-Science Commentary on the Synoptic Gospels* (Minneapolis: Fortress Press, 1992), p. 50.

En resumen, la parábola de la sal afirma que quienes abrazan el discipulado cristiano adquieren una característica especial que la humanidad necesita para sobrevivir. Del mismo modo, afirma que los creyentes que pierden esta característica no tienen utilidad alguna en el proyecto de Dios.

II. La práctica de Jesús: Modelo para el ministerio social del creyente

Ahora bien, ¿cuál es esa característica que distingue a los verdaderos discípulos de Jesús? ¿Cuál es ese elemento que la humanidad necesita para sobrevivir?

La característica que distingue al verdadero discípulo de Cristo es un compromiso con un nuevo orden, con un mundo nuevo en el cual el Dios de la Vida gobernará con justicia. Podemos desarrollar ese compromiso siguiendo el ejemplo que Jesús nos dejó por medio de sus palabras y por medio de la práctica de la fe.

Los Evangelios afirman que Jesús es el Hijo de Dios que vino a proclamar el mensaje de salvación. Ese mensaje divino comienza con la proclamación del Reino de Dios: «Arrepentíos, porque el reino de los cielos se ha acercado» (Mt. 4.17b). La predicación de Jesús proclamaba que, por medio de su ministerio, Dios se estaba acercando a la humanidad. Proclamaba que el gobierno, el poder y la autoridad de Dios estaban manifestándose en el mundo, luchando contra las fuerzas del pecado y de la muerte. ***En resumen, el reino de Dios es el proyecto de Dios para el mundo.*** Un proyecto que busca la creación de una nueva humanidad, de un mundo nuevo donde «no habrá muerte, ni habrá más llanto, ni clamor, ni dolor, porque las cosas viejas pasaron» (Ap. 21.4).

> El reino de Dios no es la negación de la historia sino la eliminación de su corruptibilidad, sus frustraciones, su debilidad, su ambigüedad—más profundamente, su

pecado—a fin de conducir a su plenitud el verdadero significado de la vida comunitaria del hombre (sic).[22]

Pero si bien Jesús proclamó el mensaje del reino por medio de sus palabras, su práctica de la fe encarnó perfectamente su mensaje y queda como el modelo a seguir. El Evangelio presenta a Jesús como el poderoso Hijo de Dios que sanaba a los enfermos, que echaba fuera los demonios, que enfrentaba a las autoridades y que se acercaba a las personas despreciadas. Cada uno de estos actos afirman la victoria del Dios de la Vida sobre las fuerzas de la muerte. Las sanidades manifiestan su triunfo sobre la enfermedad; los exorcismos afirman la conquista de los poderes demoníacos; el reto a las autoridades manifiesta su lucha contra el pecado, la corrupción y el abuso del poder; y su solidaridad con las personas marginadas expresa el amor de Dios por la persona pobre, necesitada y menesterosa. Es decir, la práctica de Jesús contradice «la lógica de un sistema opresor y pecador, como se opone la vida a la muerte, lo nuevo a lo caduco, la gracia al pecado».[23]

> El modelo de vida que nos muestra Jesús en los Evangelios se presenta como una norma crítica concreta. Es la práctica fundadora de una comunidad, el origen de una tradición histórica y social que manifiesta el amor, la misericordia y la justicia de Dios.[24] De este modo, podemos entender la frase «vosotros sois la sal de la tierra» como una invitación a participar de la práctica de Jesús.[25]

Somos sal de la tierra cuando proclamamos el mensaje del reino de Dios.

Somos sal de la tierra cuando combatimos las fuerzas de la muerte.

---

[22] José Míguez Bonino, *La fe en busca de eficacia: Una interpretación de la reflexión teológica latinoamericana de liberación* (Salamanca: Sígueme, 1977), 171.

[23] Hugo Echegaray, *La práctica de Jesús* (Salamanca: Sígueme, 1982), 25.

[24] Echegaray, 25.

[25] Echegaray, 23.

Somos sal de la tierra cuando nos organizamos como discípulos fieles para formar parte de una iglesia que afirma la victoria de la Vida sobre la muerte en la resurrección de Cristo Jesús, nuestro Señor.[26]

Somos sal de la tierra cuando la práctica de Jesús se convierte en el modelo que seguimos en nuestra propia práctica de la fe.

Somos sal de la tierra cuando la práctica de Jesús se hace presente *por medio de* nuestra práctica de la fe.[27]

En este sentido, la decisión que cada creyente debe tomar no es *si* debe participar en la sociedad sino *cómo* ha de participar en ésta.[28] La pregunta no es dónde o cuando está manifestándose el reino, sino cómo podemos participar en él.[29]

III. Cristo y la cultura: Modelos para la acción social

A través de la historia, la iglesia se ha relacionado con la sociedad de diversas maneras. El tema es amplio y complejo. Para facilitar la comprensión del tema, vamos a usar los modelos desarrollados el H. Richard Niebuhr para explicar la relación entre «Cristo»—como símbolo de la fe—y la cultura.[30]

Niebuhr afirma que la iglesia se ha relacionado con la sociedad siguiendo cinco modelos distintos:[31] Cristo contra la

---

[26] Echegaray, 23.
[27] Echegaray, 27.
[28] C. René Padilla, «Proyecto para una ética social evangélica» en *Fe cristiana y Latinoamérica hoy*, editado por C. René Padilla (Buenos Aires: Ediciones Certeza, 1974), 210.
[29] Míguez, 172.
[30] H. Richard Niebuhr, *Christ and Culture* (New York: Harper and Row Publishers, 1951).
[31] Antes de continuar, debemos hacer dos advertencias sobre los modelos de Niebuhr. La primera es que, como modelos al fin, son construcciones artificiales que tratar de sintetizar acercamientos teológicos e ideológicos sumamente complejos. La segunda es la sociología moderna está prestando más atención a los conflictos entre diferentes culturas y a los choques que ocurren entre sub-culturas que coinciden en una misma sociedad. Niebuhr minimiza el rol del conflicto social

cultura, el Cristo de la cultura, Cristo sobre la cultura, Cristo y la cultura en paradoja, y Cristo, el transformador de la cultura. Pasemos a examinarlos en detalle.

1. Cristo contra la cultura[32]

El primer modelo describe la posición de aquellos creyentes que reconocen solamente la autoridad de Cristo y que, por lo tanto, rechazan los reclamos de la sociedad. Estos buenos hermanos ven el mundo como un lugar dominado por las fuerzas del mal y afirman que la cultura dominante propone valores y prácticas que son inaceptables para una persona comprometida con el Evangelio de Jesucristo.

Varios libros del Nuevo Testamento—sobre todo aquellos escritos en momentos de persecución—manifiestan esta posición. Por ejemplo, en I Juan encontramos varios textos que exhortan a los creyentes a no amar «al mundo, ni las cosas que están en el mundo», afirmando que «si alguno ama al mundo, el amor del Padre no está en él» (2.15); el mundo «aborrece» a los creyentes (3.13) porque está dominado por las fuerzas del mal (4.14).

Otra característica de las comunidades cristianas que a lo largo de los años han adoptado el modelo de Cristo contra la cultura es la solidaridad y la cohesión de grupo. Al separarse del mundo también tienen que rechazar a las personas que se identifican con la cultura dominante. Esto les obliga a alejarse de los «hijos de las tinieblas» y a buscar la compañía de otros creyentes. Del mismo modo, les obliga a abstenerse de participar en el gobierno y en los procesos políticos.

Esta posición ha sido muy influyente en la historia de la iglesia. Ha ayudado a mantener las distinciones entre la religión

---

en sus modelos. Para una crítica al modelo de Niebuhr, y una propuesta desde una perspectiva cristológica, véase el artículo de Justo L. González, «Encarnación e historia» en *Fe cristiana y Latinoamérica hoy,* 151-167.

[32] Padilla, 45-82, passim.

y la cultura, entre la razón y la revelación, y entre la iglesia y la sociedad. También ha inspirado la crítica social que puso en marcha diferentes movimientos de reforma a lo largo de la historia.

Debemos reconocer, además, que la práctica de la fe de muchas congregaciones hispanoamericanas se acerca a esta posición. Estas comunidades de fe ven el mundo como un campo hostil dominado por las fuerzas demoníacas. La iglesia es, pues, como «el arca de Noé sobre las aguas» que protege a los creyentes del pecado y de la muerte.

No obstante, esta posición presenta toda una serie de problemas. En esta ocasión sólo mencionaremos dos. El primero es teológico, ya que parece menospreciar la autoridad de Cristo sobre el mundo. Por esta razón, algunos de los creyentes que sostienen esta posición cometen el error de exagerar la autoridad de los poderes satánicos. El segundo problema es práctico. Es sencillamente imposible separarse de la cultura en manera absoluta. Los seres humanos somos entes sociales que vivimos inmersos en la cultura que nos rodea. De hecho, el Evangelio afirma que Dios se encarnó precisamente en una persona inmersa en una cultura dada: Jesús, el Galileo.

2. El Cristo de la cultura[33]

El segundo modelo describe la posición de aquellos creyentes que armonizan las enseñanzas del Evangelio con la cultura dominante. Estos no ven tensión alguna entre la iglesia y el mundo, las leyes sociales y el Evangelio, la gracia divina y el esfuerzo humano, o la salvación y el progreso material. Los proponentes de esta posición afirman que su cultura es «cristiana» y que ejemplifica los valores del reino de Dios.

El modelo del Cristo de la cultura es fácil de entender para aquellas personan que conocen la cultura occidental, en

---

[33] Padilla, 83-115, passim.

general, y la estadounidense, en particular. Las sociedades europeas acostumbraban a definirse a sí mismas como «culturas cristianas». Esta definición legitimó guerras «religiosas»; la conquista y la dominación de naciones «paganas»; y el discrimen contra aquellas personas que provenían de culturas no-cristianas, tales como los judíos, los africanos, los asiáticos y los indígenas. Hoy día, este es el modelo que inspira a los movimientos de la supremacía blanca, ya que estos movimientos racistas afirman que la cultura «aria» es la única verdaderamente cristiana.

Esto nos lleva a considerar los defectos del modelo. Entre otros, podemos señalar que este modelo tiende a sacralizar la cultura dominante y puede usarse para legitimar gobiernos corruptos y dictaduras explotadoras. Del mismo modo, tiende a distorsionar la imagen de Cristo, asimilándola a la cultura dominante (un buen ejemplo de esta distorsión es el cántico que se refiere a Jesús como «el rubio de Galilea»).

A pesar de esto, debemos reconocer de esta postura algunas sus virtudes. La principal es que afirma el alcance universal del Evangelio, afirmando que Jesús es el salvador de toda la humanidad.

3. Cristo sobre la cultura[34]

Las posiciones que hemos discutido hasta aquí son bastante extremistas, dado que tienden a ver a la Iglesia como un grupo totalmente separado de o totalmente unido a la sociedad. Este tipo de posición extremista es muy difícil de sostener. Por esta razón, los creyentes han desarrollado modelos que evitan los excesos de los primeros dos. El tercero es el modelo de Cristo sobre la cultura. Esta posición busca un balance entre la autoridad de la iglesia y la de la sociedad. En este caso, la balanza cae del lado de la iglesia. Quienes defienden esta posición afirman que las instituciones sociales—como el

---

[34] Padilla, 116-148, passim.

estado—son «temporales» y, por lo tanto, deben someterse a la autoridad «espiritual» de la iglesia.

Este modelo fue dominante en la Edad Media, cuando la iglesia ejerció su autoridad sobre toda Europa. Con el tiempo, este movimiento tomó otros matices. Quienes hemos vivido en América Latina sabemos que este modelo sigue vivo en algunos países—como Costa Rica y Colombia—donde algunos representantes de la Iglesia Católica Romana gozan de un inmenso poder sociopolítico y económico.

El mayor beneficio de este modelo es que trata de integrar la iglesia y la cultura, facilitando la participación del creyente en la sociedad. Sin embargo, el modelo también tiene sus defectos. El problema principal que presenta es la tendencia a institucionalizar el poder de la iglesia y las estructuras sociales legitimadas por la religión estatal.

4. Cristo y la cultura en paradoja[35]

El cuarto modelo también busca establecer un balance entre la iglesia y la sociedad. Sin embargo, en este caso la balanza no se inclina. Los exponentes de esta posición comienzan afirmando algo que es evidente: los creyentes vivimos en sociedad. Por un lado, tratamos de vivir de acuerdo con los principios de nuestra fe. Por otro, tenemos que obedecer las leyes y respetar las costumbres de nuestros países. Somos ciudadanos del reino de Dios y del país en el cual vivimos, a la misma vez. Por consiguiente, tenemos que respetar la autoridad espiritual de la iglesia y la autoridad legal del estado.

Uno de los máximos exponentes de este modelo fue Martín Lutero, quien definió la relación entre la iglesia y el estado en su «doctrina sobre los dos reinos». Para Lutero, la iglesia es el «reino espiritual» que tiene autoridad sobre asuntos de fe y

---

[35] Padilla, 149-189, passim.

doctrina y el estado es el «reino» que tiene la espada para mantener el orden social.

Hay personas que interpretan mal esta posición y divorcian la esfera religiosa de la social. Estas personas sólo practican su fe en la iglesia y viven como cualquier otro no-creyente en la sociedad. Esta separación entre la iglesia y el estado puede tener varias consecuencias negativas. Por un lado, se presta para legitimar el poder del estado y el conservadurismo. Por otro, convierte a la iglesia en un «ghetto» espiritual cuya única labor es la de «salvar almas».

Es evidente que éste fue el modelo dominante en los Estados Unidos durante gran parte del siglo XX. En dicho país, muchas personas la fe se ve como un asunto privado que debe practicarse primordialmente en la iglesia.[36] En general, no se espera que sus convicciones religiosas informen sus decisiones. De hecho, aquellos líderes que hacen pública su fe—como lo hizo el expresidente Carter—tienden a ser ridiculizados. Estas actitudes limitan el impacto de nuestra fe y el alcance del trabajo de la iglesia.

Sin embargo, debemos afirmar que, bien entendida, esta posición ofrece una alternativa viable para explicar la compleja relación entre la iglesia y la sociedad.

5. Cristo el transformador de la cultura[37]

El quinto y último modelo presenta a Cristo como el transformador de la cultura. Este modelo parte de tres supuestos teológicos fundamentales. Primero, afirma que Dios ha creado al mundo, al ser humano, y, por ende, a la cultura. La doctrina de la creación, a su vez, afirma que «todo lo que [Dios] había hecho... era bueno en gran manera» (Gn. 1.31a). Esto nos lleva al segundo punto teológico: la caída. El mundo

---

[36] Este es el tema central Stephen L. Carter, *The Culture of Disbelief: How American Law and Politics Trivialize Religious Devotion* (New York: Basic Books, 1993).
[37] Carter, 190-229, passim.

creado ha sido corrompido por el pecado. La entrada del pecado al mundo de los seres humanos es la causa de las injusticias, los vicios, y los problemas que azotan la sociedad. Tercero, esta posición ve la historia como la interacción dramática entre Dios y la humanidad. En este sentido, afirma que el futuro no está escrito, que el destino no existe. ¡Todo lo contrario! El futuro está abierto a la acción de Dios. Por lo tanto, la historia no es un enigma que debemos resolver sino una misión que debemos cumplir. Una misión que incluye la proclamación de la llegada del reino de Dios; una misión que se traduce en un nuevo estilo de vida, en el poder del Espíritu Santo de Dios.[38]

Este modelo afirma que Dios continúa activo en la historia, salvando al pecador, velando por el bien de las personas necesitadas, desenmascarando la maldad, y estableciendo su reino de justicia. Este modelo afirma que la historia de la salvación, en la cual Dios nos manda a vivir y actuar, no es otra que la historia secular común y corriente.[39] Por lo tanto, este modelo nos llama a tomar una decisión. Frente a la voluntad de Dios revelada no es posible ningún tipo de neutralidad. En este mundo ninguna forma de pensamiento, acción o vida es neutral: estamos con Cristo y a favor de la humanidad, o estamos en contra de Cristo y en contra de la humanidad.[40] O para usar lenguaje bíblico, podemos citar las palabras del Deuteronomio:

> A los cielos llamo por testigos hoy contra vosotros, que os he puesto delante la vida y la muerte, la bendición y la maldición; escoge pues la vida, para que vivas tú y tu descendencia. (Deut. 30.19)

---

[38] Míguez, 172.
[39] González, 163.
[40] Pedro Arana Quiroz, «Ordenes de la creación y responsabilidad cristiana» en *Fe cristiana y Latinoamérica hoy*, 179.

En resumen, el modelo que presenta a Cristo como el transformador de la cultura nos llama a tomar una opción por la vida y a combatir las fuerzas de la muerte.

Esta posición es la que han tomado grandes reformadores a través de la historia. Este es el modelo que empleaban los profetas, personas inspiradas por Dios que llamaban al arrepentimiento y a la fe. Podemos encontrar un ejemplo contemporáneo en el movimiento que luchó a favor de los derechos civiles en los Estados Unidos durante las décadas del 1950 y 1960. El rol prominente que desempeñó la iglesia en este movimiento no fue una casualidad. Los líderes del movimiento estaban convencidos de que el racismo y el discrimen racial son manifestaciones sociales del pecado. Por eso lo combatían con la palabra y el testimonio. Estos buenos hermanos, cantaban el himno «We shall overcome» (Nosotros venceremos) convencidos de que la victoria era segura, pues Cristo el Señor venció las fuerzas de la muerte por medio de su resurrección.

Creo que, de los cinco modelos propuestos por Niebuhr, éste es el más atractivo. El mismo combina principios teológicos sólidos con la predicación profética del Evangelio de Jesucristo, llamándonos a desarrollar una práctica de la fe que encarne los valores del reino de Dios. Este modelo nos llama a ser «sal de la tierra». Nos llama a transformar el mundo por medio de la proclamación y la práctica de la fe evangélica. Nos llama a desarrollar estrategias de trabajo que demuestren nuestro compromiso con el Dios vivo que se ha revelado en la persona de Jesucristo

IV. Pautas para la acción pastoral

Finalmente, llegamos al tema de las estrategias de trabajo. ¿Qué acciones concretas podemos tomar para demostrar que somos sal de la tierra? ¿Cómo podemos cumplir nuestra misión de sanar, sazonar, preservar, curar, purificar, y santificar al mundo?

Hay varias maneras de contestar estas preguntas. Una opción sería ofrecer una lista de tareas que nuestras iglesias podrían llevar a cabo. Esa opción tendría la ventaja de ofrecer lineamientos prácticos para la acción. Sin embargo, he decidido tomar otra ruta. En el espacio que nos queda propondré algunos principios que pueden ayudarnos a discernir las estrategias que debemos seguir para ser la «sal» de Dios en esta tierra. Es mi oración que dichos lineamientos puedan ayudarnos a determinar las tareas que debemos llevar a cabo para cumplir con la responsabilidad social y política que Dios ha puesto en nuestras manos.

1. Análisis de la realidad: Antes de embarcarse en nuevos proyectos de misión, la iglesia debe tomar un tiempo para analizar la realidad en que vive. Debemos examinar las condiciones de vida en nuestro país. ¿Cómo vive el pueblo hispano en esta región? ¿Dónde vive? ¿Cuál es la edad promedio de nuestra gente? ¿Acaso hay un trasfondo nacional dominante en nuestras comunidades (mexicano, puertorriqueño, dominicano, centroamericano, etc.)? ¿Acaso estamos segregados, viviendo los puertorriqueños en un área y los mexicanos en otra? ¿Cuál es el nivel educativo de nuestra gente? ¿Cuál es su situación económica? ¿Tiene acceso el pueblo latino a servicios esenciales tales como hospitales, escuelas, farmacias, etc.? ¿Cuáles son los servicios sociales que prestan el gobierno estatal y el federal?

2. Análisis del trabajo de la iglesia: También debemos examinar con honestidad el impacto y la pertinencia de nuestras congregaciones en nuestros barrios. ¿Acaso estamos alcanzando a la gente del barrio? ¿Cuántos miembros de la iglesia viven cerca del templo? ¿Cuántos tienen que conducir más de 15 minutos para llegar al templo?[41] ¿Cuál es la edad promedio de los miembros de

---

[41] Esta pregunta es de particular importancia debido a los cambios demográficos que están experimentando las comunidades hispanas en los Estados Unidos. Muchas comunidades que eran mayormente puertorriqueñas o mexico-

nuestra congregación? ¿Cuáles son sus habilidades y talentos especiales? ¿Cuántos programas comunitarios ha desarrollado nuestra iglesia? Contestar estas preguntas puede ser muy difícil. Sin embargo, puede comenzar a contestarlas por medio de un experimento muy simple. Camine por el barrio dónde se encuentra su iglesia y pregúnteles a los transeúntes cómo llegar a la misma. Si la gente del barrio reconoce el nombre de la congregación y sabe llegar al edificio de la iglesia, es porque la congregación está teniendo un buen impacto en la comunidad. Si la gente ni siquiera sabe que hay una iglesia evangélica cerca, es necesario reevaluar el trabajo de esa congregación.

3. Desarrollar una declaración de misión: Los análisis descritos arriba deben conducirnos a una pregunta clave. ¿Cuál es la misión de nuestra iglesia? Algunos pensarán que la respuesta a esta pregunta es muy sencilla: Proclamar el Evangelio de reino. Ahora bien, la pregunta clave es ¿qué programas debe desarrollar nuestra congregación para poder «proclamar el Evangelio» en nuestras comunidades mediante la «palabra» y el «testimonio»? ¿Cómo podemos encarnar la práctica sanadora y salvadora de Jesús en nuestros barrios hoy? ¿Qué debemos que hacer para que la gente comprenda el inmenso amor de Dios hacia cada uno de ellos? Las respuestas a estas preguntas dependerán de las necesidades de nuestras comunidades. Por ejemplo, si nuestra iglesia está en un barrio lleno de personas deambulantes («homeless»), parte de nuestra misión podría ser proveerles alimentos; coordinar servicios de salud; ayudarles a contactar las oficinas de los distintos programas sociales que pueden brindarles ayuda; y hasta ayudarles a

---

americanas en los años 60 cuantan hoy con una mayoría centroamericana, dominicana o colombiana. El problema reside en que la congregación sigue siendo mayormente puertorriqueña o mexicana. Es decir, la congregación no alcanza ni incorpora a las nuevas comunidades inmigrantes en su seno. Para una discusión amplia de este tema véase a Leobardo Estrada, «Comunidades latinas en los Estados Unidos: Su Presente y su futuro» *Apuntes* 15:2 (1995): 35-44.

conseguir vivienda por medio de la adquisición y renovación de edificios abandonados. ¿Cuál es la misión de su congregación? ¿Qué tareas debe llevar a cabo para «proclamar el Evangelio» con la palabra y con la acción?

4. Apoyar causas: El trabajo con la comunidad va a confrontarnos con problemas sociales muy graves. En esa coyuntura, es importante que la iglesia sepa discernir el llamado que Dios le está haciendo. Dios no nos llama a respaldar ciegamente a líderes ni a partidos políticos. No. Dios nos llama a trabajar por causas específicas. Permítanme explicar este punto. Las congregaciones deben luchar para eliminar el pecado y sus consecuencias. Es necesario que luchemos en contra del pecado y a favor de aquellas cosas que mejoran la calidad de vida de nuestro pueblo. Es decir, tenemos que luchar en contra de la criminalidad, la adicción a drogas, la descomposición de la familia, el hambre, las enfermedades, el desempleo, el discrimen racial, la violencia en el hogar y otros tantos problemas que azotan a nuestro pueblo. Del mismo modo, tenemos que luchar a favor del acceso a la educación, por obtener mejores servicios de salud, por mejor vigilancia policiaca, por mejorar las condiciones económicas de nuestro pueblo, y por afirmar la familia, entre otras causas. En ocasiones, la lucha por estas causas nos pone en contacto con líderes políticos que comparten nuestras preocupaciones, pero que también tienen sus propias ambiciones personales. En estos casos, la iglesia debe ser «prudente como serpiente» (Mt. 10.16 b). Es necesario que estos líderes políticos sepan que vamos a apoyarles en tanto y en cuanto sean instrumentos provistos por Dios para ayudarnos en el desempeño de nuestra misión. Es necesario que sepan que, si no nos ayudan a lograr nuestros objetivos, no tendrán nuestro apoyo. La pregunta fundamental que enfrenta la iglesia no es si apoya a candidatos demócratas o republicanos, liberales o conservadores. La pregunta fundamental es si estamos

siendo fieles a la visión bíblica de lo que significa vivir y actuar como verdaderos discípulos de Cristo.[42] Este punto es sumamente importante debido a la influencia de organizaciones políticas conservadoras que reclaman ser «evangélicas». El problema con esas organizaciones es que rara vez hablan de temas importantes para la comunidad hispana tales como la inmigración, la deportación de refugiados políticos, el trato a personas indocumentadas, el acceso a los servicios de salud, y la educación bilingüe.

5. Practicar la organización comunitaria: Como indicamos anteriormente, las iglesias son las únicas instituciones sociales permanentes en las comunidades hispanas. Esto presenta, a la misma vez, una responsabilidad y una oportunidad para nuestras congregaciones. Por un lado, pone sobre nuestros hombros la gran responsabilidad de hacer una diferencia en la vida de nuestras comunidades. Por otro lado, nos brinda la oportunidad de convertirnos en entidades indispensables en nuestros barrios. Por esto, la iglesia tiene que establecer buenas relaciones con otras instituciones sociales. El pastor de la iglesia tiene que conocer al principal de la escuela, al concejal municipal, al representante de distrito y al congresista de su precinto. La pastora de la iglesia, debe ser reconocida por los maestros y las maestras de escuela pública, por quienes organizan los torneos deportivos, por las personas que presiden las asociaciones de residentes y por los agentes policiacos que patrullan la comunidad. La iglesia debe tener sus puertas abiertas para actividades comunitarias, como las clínicas de salud; reuniones de organizaciones comunitarias, como las asociaciones de padres y maestros (PTA), y los grupos de terapia (Alcohólicos Anónimos, Al-Anon, etc.); y reuniones para la orientación del pueblo—como los «town hall meetings» con líderes políticos y gubernamentales.

---

[42] Stanley Hauerwas y William H. Willimon, *Residents Aliens: Life in the Christian Colony* (Nashville: Abingdon Press, 1989), 47.

6. Desarrollar programas interdenominacionales: Nuestras iglesias locales deben cooperar con otras congregaciones para poder desarrollar programas efectivos para la comunidad hispana. Aunque una sola iglesia local bien motivada puede hacer una gran diferencia, la realidad es que un consorcio de congregaciones puede trabajar mucho mejor. Esto quiere decir que debemos echar a un lado nuestras pequeñas discusiones doctrinales y diferencias litúrgicas para trabajar unidos en beneficio de los demás. Por ejemplo, en aquellos lugares donde hay varias iglesias locales en relativa cercanía, se pueden desarrollar proyectos educativos en conjunto (tales como talleres, cursos intensivos, institutos bíblicos y publicaciones). Del mismo modo, se pueden crear organizaciones religiosas sin fines de lucro para trabajar con la comunidad. Estas organizaciones sin fines de lucro pueden administrar égidas (hogares para envejecientes), programas para deambulantes («homeless»), ayudar a inmigrantes indocumentados y renovar edificios abandonados. Este tipo de cooperación debe comenzar entre las congregaciones de nuestra propia denominación. Después debe extenderse para incluir otras comunidades cristianas que estén dispuestas a trabajar unidas sin entrar en disputas teológicas ni en tensiones pastorales.

7. Afirmar la importancia de la ética social: Estoy seguro de que muchos de ustedes están sorprendidos con mis palabras. En parte, esta sorpresa se debe a el pueblo evangélico está acostumbrado a ver el pecado como en términos puramente personales. Hemos aprendido a condenar los pecados del individuo. Sabemos llamarle la atención a la persona que cae adulterio, a la que roba, a la que miente, y a la que murmura contra los demás. Sin embargo, no hemos aprendido a condenar los pecados de la sociedad. Tenemos que pedirle al Señor en oración que nos permita discernir los pecados sociales y que nos dé la valentía para condenarlos. Tenemos que aprender a decir

con autoridad de Dios las siguientes situaciones sociales son pecaminosas:
- El racismo
- El discrimen
- La explotación económica
- La violencia en el hogar
- La brutalidad policiaca
- La limitación al acceso de los servicios de salud
- La limitación a una educación adecuada
- El sistema legal que encuentra inocentes a los ricos y condena a los pobres
- Y otras tantas situaciones que destruyen poco a poco el alma de nuestro pueblo

V. Conclusión

No debemos perder de vista el importante rol que debe jugar la iglesia en la sociedad. La iglesia es la única organización en nuestra cultura que es verdaderamente global, transnacional y transcultural.[43] El propósito de la iglesia no es entretener,[44] sino glorificar al Dios de la Vida siendo la «embajadora de Cristo» que llama al mundo a reconciliarse con Dios (II Co. 5.20). En este sentido, la tarea política principal de la iglesia es precisamente ser la comunidad de la cruz; una comunidad que—al igual que la cruz de Cristo—desafíe a las autoridades corruptas y opresivas de este mundo, dándole más importancia

---

[43] Hauerwas y Willimon, 43.
[44] Hauerwas afirma que la iglesia en los Estados Unidos se ha convertido en otra organización orientada al consumidor. Hauerwas y Willimon, 33.

a Dios que a los falsos dioses de este mundo.[45] El contrincante principal de la fe cristiana no es el ateísmo; es la idolatría.[46]

Por esta razón, afirmamos que para ser verdadera «sal de la tierra» es necesario que la iglesia recupere la dimensión profética de su predicación y de su ministerio. Esa dimensión profética no sólo nos llama a la transformación personal. También nos invita a formar parte de la iglesia, la comunidad de personas que han sido transformadas por el poder de Dios y que luchan por la salvación y la transformación del mundo, en el nombre del Señor Jesucristo.[47]

---

[45] Hauerwas y Willimon, 47.
[46] Hauerwas y Willimon, 95.
[47] Hauerwas y Willimon, 82.

2

LA «CONVERSIÓN» DE JESÚS
(MATEO 15.21-28)

Introducción

El final del Evangelio según San Mateo—conocido como «La Gran Comisión» (28.16-20)—presenta un entendimiento amplio de la misión cristiana. Este pasaje llama a la Iglesia a hacer discípulos en todas las naciones (v. 19). Por lo tanto, afirma que el Evangelio está abierto tanto a las personas judías como a las que no lo son.

Sin embargo, otras partes de Mateo presentan un concepto distinto de la misión. En el Sermón misionero de Jesús, que aparece en el capítulo 10, encontramos un texto que apoya una visión limitada de la tarea de la iglesia: «A estos doce envió Jesús, y les dio instrucciones diciendo: Por camino de gentiles, no vayáis, y en ciudad de gentiles, no entréis, sino id antes a las ovejas perdidas de la casa de Israel» (Mt. 10.5-6).

Esta discrepancia en la teología de Mateo conduce a una pregunta: ¿Por qué ocurre este cambio en la visión misionera? ¿Qué suceso provoca esta transformación?

La pista para resolver este enigma se encuentra en el relato de *La fe de la Mujer Cananea* que aparece en Mateo 15.21-28.

Este pasaje marca el momento en el cuál Jesús adopta una posición abierta y universalista de la misión cristiana. El texto afirma que la misión a los «gentiles» --es decir, los pueblos no judíos—se remonta al ministerio terrenal de Jesús. En cierto sentido, Mateo 15.21-28 describe un momento cuando—motivado por la fe de una mujer extranjera—Jesús cambió radicalmente su política misionera. Jesús cambia su visión «particularista» de la misión por una perspectiva «universalista».

I. Una historia, dos versiones

La historia del encuentro entre Jesús y la Mujer Cananea aparece dos veces en los evangelios. Se encuentra en Marcos 7.24-30 y en Mateo 15.21-28. Se cree que la versión más antigua es la de Marcos, aunque Mateo ha incluido cambios significativos en su versión.[48] La historia de Marcos provee la estructura básica de la versión de Mateo:

Ambas historias comienzan afirmando que Jesús estaba en territorio extranjero (Mc. 7.24 y Mt. 15.21).

Acto seguido, una mujer extranjera se acerca a Jesús, rogándole que sane a su hija, la cual está poseída por un demonio (Mc. 7.25-26 y Mt. 15.22).

Jesús se rehúsa a conceder la petición de la mujer extranjera, basando su negativa en el hecho de que la mujer era extranjera (Mc. 7.27 y Mt. 15.23-26). De este modo, Jesús afirma la primacía del pueblo de Israel en el plan divino. Ambas historias incluyen un dicho de Jesús donde las personas judías son llamadas «hijas» de Dios, mientras las extranjeras son comparadas con los «perros» (gr. "kynaría").

La mujer responde que «aún los perros comen las migajas» sobrantes (Mc. 7.28 y Mt. 15.27).

---

[48] Para un análisis redaccional detallado de este texto véase a Alice Dermience, «La pericoppe de la Cananeennne (Mt. 15.21-28): Rédaction et Theologie» *Ephemerides Theologicaes Lovanienses* Vol. 58:1 (1982): 25-49.

Finalmente, Jesús concede la petición de la mujer, sanando a su hija a la distancia (Mc. 7.29-30 y Mt. 15.28).

Sin embargo, las diferencias entre las dos versiones de la histories son significativas:

Mientras Marcos afirma que Jesús estaba en la «región» de (gr. «hóron») de Tiro (Mc. 7.24a), Mateo lo coloca en el «distrito» (gr. «mérë») de Tiro y Sidón (Mt. 15.21).

Como en otras partes de su evangelio, Mateo elimina las referencias al «secreto mesiánico» que aparecen en Marcos. En su versión, Marcos afirma que Jesús se escondió—sin éxito alguno—en una casa (Mc. 7.24b).

Marcos describe primero la necesidad de la mujer (Mc. 7.25), después la describe como «griega, y sirofenicia» de (Mc. 7.26a). Entonces, describe su ruego ante Jesús (Mc. 7.26b). Mateo invierte el orden, describiendo la etnicidad de la mujer (Mt. 15.22a) antes que su petición (Mt. 15.22b). En su versión, Mateo describe a la mujer como «cananea».

La petición de la mujer es distinta en cada uno de estos evangelios. Mateo usa discurso indirecto, informando a la audiencia que la mujer le rogaba a Jesús que echara fuera el demonio que atormentaba a su pequeña hija (gr. «thugátrion», Mc. 7.26). Mateo usa discurso directo, citando las palabras de la mujer. La extranjera llama a Jesús «Señor» e «Hijo de David» antes de presentar su ruego (Mt. 15.22b). El lenguaje que emplea la mujer es característico de Mateo. Por lo tanto, podemos afirmar que la «cita» directa es producto de la pluma de Mateo. Este es un concepto que discutiremos más cuidadosamente un poco más adelante.

En este punto, Mateo se distancia de su fuente, añadiendo dos episodios muy importantes. Primero, contrasta el silencio de Jesús con la poca paciencia de sus discípulos, quienes estaban deseosos de deshacerse de la mujer (Mt. 15.23). Segundo, Jesús justifica su rechazo de la petición citando una frase del Discurso Misionero que aparece anteriormente en el Evangelio de Mateo (Mt. 10.6).

Mientras en Marcos la mujer está todo el tiempo postrada a los pies de Jesús (Mc. 7.25b), en Mateo la mujer cae ante los pies del Maestro después de ser rechazada la primera vez (Mt. 15.25). Mateo usa una palabra griega distinta para referirse al acto de arrodillarse. El verbo griego «proskyneö» es un término técnico que puede traducirse como «adorar». Esto también será discutido en detalle más adelante.

También hay diferencias significativas en el dicho de Jesús que comparten ambas versiones de la historia. En Marcos, Jesús afirma que los hijos deben ser alimentados «primero» (Mc. 7.27), dejando así la puerta abierta para que alguien sea alimentado después. Por el contrario, en Mateo Jesús no deja espacio alguno para las que las personas no-judías tengan acceso a la misericordia divina (Mt. 15.27).

Las diferencias en la respuesta de la mujer son mínimas. En Marcos, los perros se colocan «debajo de la mesa» (Mc. 7.28), mientras que en Mateo las migajas caen al suelo.

Finalmente, las dos versiones tienen conclusiones distintas. En Marcos, Jesús le asegura a la mujer que su petición ha sido contestada y la envía a su casa, donde ésta encuentra a su hija sana (Mc. 7.19-30). Por su parte, en Mateo se elogia la fe de la mujer con palabras muy parecidas a las que aparecen en la historia de la curación del siervo del Centurión (Mt. 8.10 y 13). Este punto también será discutido más adelante.

Debemos mencionar que hay puntos de contacto entre las historias de la Mujer Cananea y la del Centurión (Mt. 8.5-13)[49]. En primer lugar, estas son las únicas personas gentiles que—de acuerdo con Mateo—tienen contacto con Jesús durante su ministerio terrenal. En segundo lugar, las secuencias de ambas historias son muy parecidas:

---

[49] John P. Meier, *The Vision of Matthew: Christ, Church and Morality in the First Gospel* (New York: Crossroad, 1991), 104.

Una persona gentil—por definición, rechazada por el judaísmo normativo de la época—acude a Jesús.

La persona intercede en favor de otra persona. En ambos casos, la persona necesitada es un miembro de la familia. La hija es miembro de la familia nuclear y el siervo es miembro de la familia extendida.

La persona expresa una fe extraordinaria en respuesta a un comentario de Jesús.

Jesús alaba la fe de la persona.

Jesús sana a la persona necesitada a la distancia, en respuesta a la fe de la persona que intercede por ella.

En resumen, en ambos casos el foco de atención no es el poder de Jesús ni la situación de la persona necesitada, sino la fe de quien intercede por ella.[50]

Otro texto que pudo influenciar la versión de Mateo es la historia de la curación de los dos ciegos en 20.29-34 (historia que, a su vez, se basa en la curación del ciego Bartimeo en Marcos 10.46-56).[51] En ambas historias, las personas que suplican se refieren a Jesús como «Señor» y como «Hijo de David» (compare. 15.22 con 20.31).

II. Análisis literario

La narrativa de la Mujer Cananea es una historia de milagro con controversia. El milagro en cuestión es, específicamente, un exorcismo. Este tipo de forma literaria sigue el siguiente patrón:

La frase inicial describe la *necesidad* de la persona que viene ante Jesús. En este caso, el texto expresa la necesidad de la

---

[50] Meier, 104, n.96.
[51] Sharon Ringe, «A Gentile's Woman Story» en *Feminist Interpretation of the Bible*, ed. Letty M. Russell (Philadelphia: The Westminster Press, 1985), 66.

mujer cuando indica que ella era mujer y extranjera (vv. 21-22a). Más adelante discutiremos por qué estas características eran problemáticas.

Segundo, el texto recoge la *petición* de la Mujer Cananea. Ella intercede a favor de su hija, quien estaba poseída por un demonio (v. 22b).

Tercero, la mujer tiene un *encuentro con Jesús*, quien permanece en silencio ante su petición (v. 23a).

En las historias de milagros tradicionales el encuentro con Jesús es seguido inmediatamente por el acto de sanidad. En las historias de milagros con controversia se desarrolla una discusión en este punto. En este caso, el milagro se demora por la larga *controversia* que ocurre entre Jesús, sus discípulos y la mujer. Los primeros que protestan la posibilidad del milagro son los discípulos (v. 23b). Entonces el foco de atención cambia al diálogo entre Jesús y la Cananea (vv. 24-27).

La *sanidad* ocurre después de la controversia. En esta ocasión, el milagro consiste en un exorcismo hecho a la distancia, en respuesta a una orden expresa de Jesús (v. 28a).

La historia termina afirmando que la hija de la Mujer Cananea fue sanada inmediatamente. Esta es la *evidencia* de la sanidad.

La función de la historia de milagro es presentar una visión integrada de la salvación. Este tipo de historia describe cómo Dios libera a la persona oprimida de la influencia de los poderes del mal y de la muerte.

Sin embargo, algunas personas expertas en el campo de los estudios bíblicos afirman que la forma de esta narración no es la historia de milagro sino la historia de pronunciamiento. Por su parte, Gail O'Day sugiere otra alternativa.[52] Ella ve esta historia como la encarnación de una Salmo de Lamentación,

---

[52] Gail O'Day, «Surprised by Faith: Jesus and the Canaanite Woman», *Listening*, Vol. 24, no. 3, (Fall 1989): 294-298.

afirmando que las palabras de la Cananea siguen la forma tradicional de los lamentos:

Petición: Ten misericordia de mi

Invocación: Oh Señor, Hijo de David

Queja: Mi hija está poseída...

Invocación: Señor

Petición: Ayúdame

Motivación: Porque hasta los perros comen…

Aunque estamos en desacuerdo con el análisis literario de O'day, afirmamos que es un acercamiento muy interesante que puede ayudar dar frutos positivos en el púlpito cristiano.

La historia de la Cananea forma parte de una larga sección que está demarcada por las dos historias donde Jesús alimenta de manera milagrosa a las multitudes. La sección tiene una estructura quiástica o concéntrica[53]

A	Alimentación de 5,000 personas		14.13-21
	B	Discipulado y milagros de sanidad	14.22-36
		* Discusión sobre la pureza	15.1-20
	B'	Discipulado y milagros de sanidad	15.21-31
A'	Alimentación de 4,000 personas		15.32-39

La historia de la alimentación de los 5,000 (14.13-21) corresponde a la historia de alimentación de los 4,000 (15.32-39). Los discípulos siguen a Jesús a través de una tormenta (14.22-32). Jesús cura a varias personas enfermas (14.34-36). En este punto encontramos la historia de la Mujer Cananea (15.21-28) seguida de otras sanidades (15.29-31). Lo que está al centro del quiasmo es la controversia sobre la pureza y la impureza, donde Jesús confronta a los Fariseos (15.1-20). A

---

[53] Javier Pikaza and Francisco de la Calle, *Teología de los Evangelios de Jesús* (Salamanca: Sígueme, 1980), 169.

diferencia de Marcos[54], el único episodio que ocurre en territorio no-judío es la curación de la hija de la Cananea. Por lo tanto, la estructura sugiere que Mateo está relacionando la historia de esta mujer con el tema de la pureza y la impureza.

Esta historia se desarrolla a través de un diálogo extenso entre Jesús y la mujer extranjera.[55] El foco de la historia está en la interacción entre estos dos personajes, no en el milagro. Por su parte, Mateo 15.21-28 también sigue una estructura quiástica o concéntrica.

A [v. 21] *Jesús sale...* (gr. "Iësoûs anechörësen")

B [v. 22] Una Mujer Cananea llega *diciendo* (gr. "légousa")

C [v. 23a] Jesús no *contesta* (gr. "apekríthë")

D [v. 23b] Los discípulos *llegan* (gr. "proselthónte")

* [v. 24] Jesús *contesta* (gr. "apokritheìs")

D' [v. 25] La mujer *se postra* ante Jesús (gr. "elthoûsa prosekúnei")

C' [v. 26] Jesús *contesta* (gr. "apokritheìs")

B' [v. 27] Ella *dice* (gr. "eîpen")

A' [v. 28] *Jesús contesta* (gr. "apokritheìs ho Iësoûs")

Primero, Jesús (gr. «Iësoûs») llega al distrito de Tiro y de Sidón (v. 21). Segundo, la Mujer Cananea viene a él diciendo (gr. «légousa») que su hija está poseída por un demonio (v. 22). Tercero, Jesús no responde (gr. «apekríthë») a su ruego (v. 23a). Cuarto, los discípulos se acercan (gr. «proselthónte») pidiéndole que la despida (v. 23b). Jesús responde (gr. «apokritheìs») citando una de las instrucciones del Discurso Misionero que afirma un entendimiento «particularista» de la misión (v. 24; compare con. Mt. 10.6). Usamos el adjetivo «particularista» para describir la política misionera que desalienta la misión a las personas no-judías, afirmando que el

---

[54] En Marcos, las curaciones y la alimentación de los 4,000 ocurren en territorio gentil, específicamente en la región de la Decápolis (véase Mc. 7.31-8.10).

[55] Amy Jill Levine, «Matthew» en *The Women's Bible Commentary*, editado por Carol A. Newsom and Sharon H. Ringe (Louisville: Westminster/John Knox Press, 1992), 259.

imperativo misionero es buscar a «las ovejas perdidas de la casa de Israel». Este dicho del Señor está en el centro del quiasmo y, por lo tanto, de la historia.

La mujer se acerca (gr. «elthoûsa prosekúnei») a Jesús, reiterando su petición (v. 25). Jesús contesta (gr. «apokritheís») con palabras duras, reiterando el punto de vista «particularista» de la misión (v. 26). La Cananea entonces dice (gr. «eîpen»): «Sí, Señor; pero aun los perros comen de las migajas que caen de la mesa de sus amos» (v. 27). Finalmente, Jesús (gr. «Iēsoûs») contesta su ruego, adoptando una política misionera «universalista». Por «universalista» nos referimos a la política misionera que exhorta a la comunidad cristiana a evangelizar activamente a las comunidades no-judías. Por lo tanto, la estructura literaria del texto recalca de manera particular la importancia del v. 24. Queda claro, pues, que el tema central del pasaje es el cambio de la política misionera del movimiento de Jesús.

La estructura misma del evangelio recalca la importancia de este cambio de perspectiva de la misión cristiana. En 10.6 encontramos un dicho del Señor que afirma la perspectiva «particularista» de la misión. Sin embargo, Mateo 28.19 llama a la comunidad cristiana a adoptar una perspectiva misionera «universalista», ordenando a la Iglesia a ir y hacer «discípulos a todas las naciones». «La historia de la Cananea se encuentra al centro del evangelio»,[56] marcando el cambio radical de perspectiva misionera. De este modo, Mateo afirma que Jesús fue quien originó la misión al mundo no-judío. Queda claro que la misión a las comunidades gentiles no es una ruptura arbitraria con el judaísmo ni con las enseñanzas de Jesús. Por el contrario, Mateo 15.21-28 afirma que la Iglesia alcanzó a las comunidades no-judías en obediencia a las enseñanzas y al ejemplo de Jesús.

---

[56] Pierre Le Pottevin y Ettienne Charpentier, *El Evangelio según San Mateo* (Estella (Navarra): Editorial Verbo Divino, 1990), 49.

Hay otros textos que presentan una visión positiva de la misión a los gentiles. En Mateo 8.5-13 encontramos el relato de la curación del siervo del Centurión, una historia que afirma que los gentiles formarán parte integral del reino de Dios (v. 11-12; compare con 21.43). En Mateo 27.54 otro Centurión reconoce la divinidad de Jesús, confesándole como Hijo de Dios. Estos pasajes bíblicos sirven como preludios, el primero a la historia de la Cananea (15.21-28) y el segundo a la Gran Comisión (28.18.20). Una vez más, encontramos que en Mateo los pasajes bíblicos que hablan de la misión están organizados de manera concéntrica o quiástica:

A	Misión a la comunidad judía	10.6, 8
	B	Preludio: El siervo del Centurión	8.5-13
		*	Pivote: La Mujer Cananea	15.21-28
	B'	Preludio: El Centurión ante la cruz	27.54
A'	Misión al mundo en general	28.19

Ahora bien, ninguno de estos pasajes tiene la fuerza narrativa de la historia de la Mujer Cananea. Este es el relato que se encuentra en el centro del quiasmo. Recordemos que la palabra griega para conversión (gr. «metanóia») implica que la persona ha cambiado «de mente», es decir, ha cambiado radicalmente su manera de pensar.[57] Entonces, podemos decir que Mateo 15.21-28 narra la «conversión» de Jesús. Sí, Jesús cambió radicalmente su perspectiva misionera, dejando atrás una perspectiva «cerrada» para adoptar una más abierta e inclusiva.

El análisis estructural nos permite ver las oposiciones básicas de este pasaje. Por un lado, la mujer se encuentra oprimida por las fuerzas del mal y de la muerte, Por el otro lado, ella sabe que Jesús es el libertador que da vida plena. ¿Qué es lo que impide la liberación de esta mujer? Ciertamente, el

---

[57] Otto Michel, s.v. «metamélomai, ametamélëtos» en *Theological Dictionary of the New Testament*, editado por Gerhard Kittel (Grand Rapids: Eerdmans, 1967), vol. IV, 626.

texto denuncia males sociales tales como el racismo y el sexismo. Empero, el obstáculo principal es el entendimiento «particularista» de la misión. La política misionera «cerrada» la deja oprimida por las fuerzas del mal y de la muerte, impidiendo que alcance la liberación. ¡El texto implica que las políticas misioneras particularistas, cerradas y discriminatorias son demoníacas! Sólo una política misionera abierta a toda la humanidad puede traer liberación. Podemos ver esto más claramente por medio de un cuadrado semiótico:

Opresión demoníaca <<----->> Liberación

| | | |

Misión «cerrada» <<------>> Misión «abierta»

III. Comentario versículo por versículo

El primer versículo de la historia encuentra a Jesús en territorio extranjero. Jesús viaja al distrito de Tiro y de Sidón» (v. 22) en el territorio de Fenicia, el país que hoy llamamos el Líbano. Aparentemente, Jesús apenas cruza el borde cuando una mujer «sale» (gr. «exelthoûsa») a su encuentro (v. 22). El lugar donde ocurre esta historia tiene es importante en términos teológicos.[58] El Jesús de Mateo va a la periferia de su tierra; al lugar donde judíos y gentiles vivían como vecinos. El contexto literario del texto recalca la importancia simbólica de este viaje. Después de una controversia con los fariseos sobre la pureza y la impureza (20.1-20), Jesús deja la tierra de la gente ritualmente «pura» para entrar a territorio «impuro».[59]. Este gesto anuncia[60] el encuentro con y la aceptación de los pueblos no-judíos.

Una vez entra a territorio extranjero, una Mujer Cananea viene a Jesús pidiendo por la salud de hija, quien estaba siendo

---

[58] Pierre Bonnard, *Evangelio según San Mateo* (Madrid: Cristiandad, 1976), 348.
[59] O'Day, 291.
[60] Jack Dean Kingsbury, *Matthew as Story*, Second Edition (Philadelphia: Fortress Press, 1988), 29.

«gravemente atormentada por un demonio» (v. 23). Como en la mayor parte de las historias que narra Mateo, la mujer no tiene nombre alguno.[61] Esta mujer anónima sufre un caso de «triple opresión». Primero, es extranjera y por definición está excluida del pacto y de las promesas entre Dios y el pueblo de Israel. Ella es una «cananea», un gentilicio que tiene tonos derogatorios en la Biblia Hebrea.[62] El término une a esta mujer con los antiguos habitantes de la tierra de Israel, los mismos que debían ser exterminados de acuerdo con Jueces 1 y 2. La palabra «Cananea» solo ocurre aquí en todo el Nuevo Testamento.[63] El uso anacrónico de esta palabra acentúa las diferencias entre Jesús y la mujer. Ella es la «enemiga» que pertenece a un pueblo hostil a Israel. Segundo, la Cananea es una mujer que vive en una sociedad patriarcal. De hecho, el texto no menciona a hombre alguno en la familia de esta mujer, sólo la menciona a ella y a su hija. Al parecer, la Cananea estaba totalmente desamparada.[64] Tercero, su hija estaba siendo «atormentada» por las fuerzas del mal y de la muerte. En resumen, podemos afirmar que la Cananea era considerada como una «no-persona» de acuerdo con los valores del pueblo judío en los tiempos de Jesús.

A pesar de ser extranjera, la Cananea demuestra cierto conocimiento tanto del judaísmo como de Jesús. Ella se dirige a Jesús usando dos términos cristológicos: Señor (gr. «kyrios») e «Hijo de David» (gr. «uiòs David»). Estos títulos cristológicos son significativos. Por un lado, el título «Señor» recalca la exaltación y la autoridad divina de Jesús. No describe un «oficio» sino una relación. En Mateo, las personas que llaman a Jesús «Señor» son aquellas que se acercan a él con la fe y la confianza de que él ha de sanarles o salvarles.

---

[61] Kingsbury, 5.
[62] Francis Wright Beare, *The Gospel According to Matthew: A Commentary* (Oxford: Basil Blackwell, 1981), 341.
[63] O'Day, 291.
[64] Ringe, 70.

Por otro lado, Mateo solo emplea el título «Hijo de David» en situaciones particulares. Primero, el término se usa siempre en referencia a Jesús en su ministerio terrenal, no al Jesús crucificado ni al Cristo resucitado. Segundo, los discípulos nunca emplean ese título para dirigirse a Jesús. Tercero, el título es usado solo por individuos, no por grupos o multitudes. Cuarto, el título se asocia exclusivamente con el ministerio sanador de Jesús. Los dos ciegos de 9.27-31, el hombre ciego y mudo de 12.22, los otros dos ciegos de 20.29-34 y las personas cojas y ciegas nombradas en 21.15 llaman a Jesús «Hijo de David» al igual que lo hace la Cananea. Todas estas personas eran consideradas como gente marginada en Israel.[65] Eran consideradas como «no-personas» en la sociedad judía.

La Mujer Cananea le pide a Jesús que tenga «misericordia» (gr. "éleeso") de ella y de su hija. En Mateo, el concepto «misericordia» está íntimamente relacionado a la salvación. Jesús responde positivamente a la gente oprimida que se acerca a él pidiendo misericordia (véase 9.27; 17.15; y 20.30-31). También, Jesús critica al judaísmo normativo de la época, indicando que—a pesar de sus esfuerzos para cumplir la letra de la ley—habían olvidado el llamado de Dios a ser misericordiosos (9.13; 12.7; compare con 23.23).

Su hija estaba poseída por un demonio (v. 23a). En el Nuevo Testamento, los «demonios» son espíritus malignos que actúan contra de la humanidad. Estos son manifestaciones de los poderes del pecado y de la muerte. El texto griego recalca la conexión entre el demonio y lo poderes del mal. Literalmente, dice que la hija de la Mujer Cananea estaba «endemoniada malamente» (gr. «kakös daimonízetai»).

El silencio de Jesús (v. 23a) contrasta con la actitud de sus discípulos (v. 23b). Ellos rechazan a la mujer extranjera, pues consideran que su conducta es escandalosa. De acuerdo con sus costumbres, la mujer debía ser «invisible».[66] Sólo las

---

[65] Kingsbury, *Story*, p. 47.
[66] Ringe, 70.

prostitutas se atrevían a acercarse a los hombres en público. Al parecer, los discípulos quieren deshacerse de la mujer por temor a que los acusen de relacionarse con una «mujer de la calle». El verbo griego «apólouso» quiere decir literalmente «desátala». Bien podría entenderse que los discípulos querían decir «despídela» como «concede su petición para que se vaya». En cualquier caso, la petición de los discípulos tiene tonos negativos. Ellos demandan que Jesús se deshaga de la mujer.[67]

Para variar, Jesús sigue el consejo de sus discípulos y niega la petición de la mujer. Le dice a la mujer: «No soy enviado sino a las ovejas perdidas de la casa de Israel» (v. 24). Como hemos dicho anteriormente, estas palabras no son nuevas en los labios de Jesús. Son idénticas a las instrucciones misioneras que Jesús da a sus discípulos en 10.5-6: «A estos doce envió Jesús, y les dio instrucciones diciendo: "Por camino de gentiles no vayáis, y en ciudad de samaritanos no entréis, sino id antes a las ovejas perdidas de la casa de Israel".» La política misionera que Jesús esboza en estos textos es muy parecida a la del judaísmo normativo, tanto rabínico como helenístico. Las «ovejas perdidas de la casa de Israel» es una referencia a todo el pueblo hebreo, no a un grupo en particular.[68] Es decir, la política misionera esbozada por estos textos deja la misión «abierta» a las distintas comunidades judías, pero «cerrada» a los pueblos gentiles.

Mateo es el único evangelista que transmite este dicho donde Jesús limita la proclamación del evangelio al pueblo judío.[69] Debemos ver este dicho como un ejemplo de cómo las comunidades judeocristianas primitivas entendían la misión cristiana. Ahora bien, el cristianismo terminó rechazando esta forma de entender la misión, adoptando una política misionera

---

[67] Daniel Patte, *The Gospel According to Matthew: A Structural Commentary on Matthew's Faith* (Philadelphia: Fortress Press, 1987), 221.

[68] Eduard Schweizer, *The Good News According to Matthew* (Atlanta: John Knox Press, 1975), 329.

[69] George Strecker, «The Concept of History in Matthew» en *The Interpretation of Matthew*, editado por Graham Stranton (Philadelphia: Fortress Press, 1983), 72.

que abría las puertas de la iglesia a las comunidades gentiles, como deja claro el final del evangelio (Mt. 28.18-20).

Nótese que el verbo «fui enviado» (gr. «apestálen») está en la voz pasiva.[70] Las escrituras usan la voz pasiva como una forma de «metonimia», es decir, como una manera de usar la parte por el todo. Es decir, el uso de la voz pasiva implica que Dios es quien ha llamado a la misión al pueblo de Israel. Por lo tanto, el versículo puede ser traducido en la voz activa, como lo hace la Versión Popular: «Dios me ha enviado solamente a las ovejas perdidas del pueblo de Israel.»

A pesar del rechazo, la mujer se arrodilla ante Jesús y le adora (v. 25). Mateo siempre usa el verbo griego «arrodillarse» o «prostrarse» (gr. «proskunéō») para describir un acto de adoración, más que una simple reverencia. La mujer grita: «¡Señor, socórreme!» (v. 25). Es evidente que la perspectiva misionera cerrada no es suficiente para ella, dada su dolorosa situación.

Increíblemente, Jesús rechaza el ruego de la mujer y reitera su política misionera con palabras muy duras: «No está bien tomar el pan de los hijos y echarlo a los perros» (v. 26). Esta frase no es típica de Jesús. Tampoco es digna del Mesías enviado por Dios para salvar a la humanidad. Ningún comentarista de la Biblia ha podido explicar del todo por qué Jesús dice estas palabras tan crueles y ofensivas. Sharon H. Ringe dice que, metáfora o no, Jesús llama «perra» a esta mujer y no hay manera alguna de minimizar el efecto de este insulto.[71]

Sorprendentemente, la Mujer Cananea desafía las palabras de Jesús con una frase maravillosa: «Sí, Señor; pero aun los perros comen de las migajas que caen de la mesa de sus amos» (v. 27). Antes de comentar esta frase, analicemos el uso de la palabra «perro» en la historia.[72].

---

[70] Bonnard, 349.
[71] Ringe, 70.
[72] Francis Dufton, «The Syrophoenician Woman and her Dogs» *Expository Times* 100 (August 1989): 417

Para el pueblo judío, los perros eran animales sucios y salvajes que se dedicaban a caminar por las calles en grupos y a comer carroña. Notemos que Jesús usa el verbo «tirar» (gr. «bállö»), implicando que los animales no estaban dentro de la casa. En el tiempo de Jesús, la comunidad judía usaba la palabra «perro» como un término común para expresar desprecio o injuriar a otra persona. En particular, los judíos llamaban «perros» a los samaritanos y a los extranjeros. Es decir, la palabra «perro» era un epíteto racial. Al igual que los perros, los gentiles estaban fuera de la «casa de Israel» (compare con v. 24).

Por otro lado, la Mujer Cananea era extranjera. De hecho, Marcos dice que era «griega» (Mc. 7.26). Los griegos acostumbraban a tener perros como mascotas dentro de la casa. Para ella, la palabra «perro» probablemente significaba «mascota doméstica» y no el animal salvaje que veían los judíos. Sólo una persona gentil hubiera podido responderle a Jesús de esta manera, pues los judíos no permitían perros dentro de sus casas.

La respuesta de la mujer es impresionante. Ella no niega ser extranjera. Tampoco desea tomar el lugar del pueblo de Israel en el plan divino. Ella solo desea comer las «migajas», es decir, recibir una bendición de parte de Dios. Ella desea recibir una de las muchas bendiciones que el pueblo escogido por Dios ha rechazado.

Confrontado con una fe tan profunda, Jesús decide conceder la petición de la mujer (v. 28). Después de alabar a la mujer por su fe, Jesús la deja ir en paz asegurándole que su petición ha sido contestada. El texto testifica que el milagro ocurrió tal como Jesús lo dijo, afirmando que la hija de la Cananea recibió sanidad en aquel mismo instante. Nótese que Jesús no le exige a la mujer que cumpla con los requisitos de la ley judía, pues no le pide que se presente ante sacerdote alguno.[73]. Jesús acepta a la Mujer Cananea en su condición de

---

[73] Bonnard, 350.

persona gentil, dejando claro que está abandonando el entendimiento «cerrado» de la misión.

Un dilema que el texto deja en la mente del lector y de la lectora es cuál es el milagro más importante que ocurre en este texto. En un nivel, tenemos el milagro del exorcismo. Pero en un nivel más profundo, encontramos el milagro de la fe de los gentiles.[74] A través de esta historia de liberación, el texto afirma que Dios está dispuesto a liberar a toda la humanidad de la opresión que pueden ejercer las fuerzas del mal, del pecado y de la muerte.

IV. El texto en su contexto

El tema central de Mateo 15.21-28 es la misión cristiana. Probablemente, Mateo dirigió este texto originalmente a una comunidad judeocristiana en transición. En dicho contexto, la pregunta principal que levanta el texto es: ¿Acaso debe la iglesia cristiana evangelizar a las personas no-judías? ¿Acaso debemos mantener una perspectiva misionera cerrada? O, por el contrario, ¿acaso debemos abrazar una política misionera abierta?

Mateo presenta a Jesús como el verdadero intérprete de la ley de Moisés. Esto también quiere decir que Jesús es el modelo de discipulado cristiano para todo creyente. A través de esta historia vemos el cambio radical—la «conversión» si se quiere—de Jesús a una nueva perspectiva misionera. De acuerdo con Mateo, Jesús actúa de manera racista, sexista y discriminatoria contra la mujer al principio de su diálogo. El texto es tan áspero que no compagina con el salvador amoroso y compasivo que presenta el resto del evangelio.

Es nuestra tesis que Mateo pone estas posiciones extremas en boca de Jesús sólo con el propósito de rechazarlas. Como demuestra el análisis literario de la historia, el texto se destaca

---

[74] Schweizer, 330.

por la inversión de las ideas que presenta. La mujer que fue rechazada al principio de la historia, termina siendo aceptada. La niña que era atormentada por un demonio, termina liberada. La política misionera que excluía a la mujer extranjera, queda eliminada al final. En este sentido, podemos decir que el texto termina rechazando tajantemente la discriminación por género y por motivos étnico-raciales.

A través de su evangelio, Mateo afirma que Jesús fue quien originó la misión a las personas de trasfondo gentil. Dado que la misión de la iglesia es una extensión de la misión de Jesús,[75] la iglesia debe evangelizar a los gentiles en obediencia al modelo de Jesús. El texto llama a los discípulos de Jesús a seguir el ejemplo de Jesús. El texto llama a la comunidad cristiana a aceptar una perspectiva universalista de la misión cristiana.

V. El texto en nuestro contexto

La implicación hermenéutica más importante de este texto es que la iglesia debe rechazar las políticas misioneras particularistas, discriminatorias y cerradas. Estas perspectivas limitadas de la misión evitan la liberación del pueblo oprimido. Como en el caso de la mujer gentil, impiden que las personas excluidas tengan libre acceso al Dios de la vida. Como dejan a la gente necesitada a merced de las fuerzas de la muerte, estas políticas discriminatorias se oponen a la vida. Todo aquello que niega la vida niega también al Dios de la vida. Y todo lo que niega al Dios de la vida es, por naturaleza, demoníaco.

La historia de la Mujer Cananea nos llama a desenmascarar las posiciones teológicas que legitiman la muerte y la opresión. La iglesia debe escuchar las voces de las personas pobres y marginadas; gritos de dolor que demuestran que las políticas misioneras tradicionales y las teologías excluyentes son impotentes ante el dolor de nuestro pueblo. La iglesia debe

---

[75] Strecker, 71.

seguir el ejemplo de Jesús, caminando hasta llegar a la periferia de su territorio tradicional.[76] La iglesia debe abrir tanto sus puertas como su entendimiento teológico, buscando una teología inclusiva que de esperanza de vida a toda la humanidad.

En este estudio hemos tenido la osadía de usar la palabra «conversión» en referencia a Jesús. Por un lado, hemos usado el concepto para recalcar el cambio radical en la política de Jesús y, por consiguiente, de la Iglesia Cristiana. Por otro lado, hemos usado el concepto para recalcar que en esta historia Jesús experimenta lo que la Teología Latinoamericana llama una «conversión al otro».[77] En cierto sentido, el encuentro con la Mujer Cananea transforma a Jesús. Él logra identificarse con el dolor y el sufrimiento de esta extranjera, desarrolla solidaridad con ella y con su hija, y finalmente demuestra su amor por ella actuando con misericordia.

Por medio de este texto, Dios está llamando a la Iglesia contemporánea a «convertirse al otro», identificándose con el sufrimiento de las personas que nos rodean. Al igual que hizo Jesús, debemos escuchar el ruego de las personas que—de acuerdo con los valores de nuestra sociedad—no merecen atención alguna. Cuando nos «convertimos al otro» podemos encontrar a Jesucristo en el rostro de las personas pobres, oprimidas y marginadas. La iglesia que se «convierte al otro» lucha por la vida, buscando la solidaridad y la fraternidad con las personas más débiles de este mundo. La Iglesia que se «convierte al otro» encarna el amor de Dios mediante actos concretos de justicia.

En resumen, esta historia nos invita a preguntarnos, ¿quiénes son las «Mujeres Cananeas» hoy? ¿Cuál es nuestra actitud ante las personas que son distintas a nosotros? ¿Cómo

---

[76] Orlando E. Costas, *Evangelización Contextual: Fundamentos teológicos y pastorales* (San José: Editorial Sebila, 1986), 46.

[77] Gustavo Gutiérrez, *Teología de la Liberación: Perspectivas* (Salamanca: Sígueme, 1980), 250-265.

podemos desarrollar ministerios para liberar a las personas marginadas? El encuentro de Jesús y la Cananea nos llama a desarrollar una visión misionera abierta e inclusiva. Un trabajo misionero que libere a las personas oprimidas por el mal. Un enfoque misionero libre del sexismo, del racismo y de los prejuicios sociales que limitan el alcance de la iglesia. Una iglesia donde las «Mujeres Cananeas» de hoy encuentren salud, misericordia y salvación.

3

LA GRAN COMISIÓN (MATEO 28.16-20)

En los últimos años, el tema del crecimiento de la iglesia ha provocado grandes discusiones en torno a los métodos[78] que deben ser usados para evangelizar. La iglesia protestante ha usado la ayuda de varias disciplinas para diseñar sus modelos de evangelización. Por un lado, ha usado la sociología para entender mejor tanto a las personas como a las comunidades que desea evangelizar. Aunque esta disciplina comenzó a usarse para lograr una comprensión más adecuada de las culturas no-cristianas, hoy encontramos innumerables libros y artículos sobre la sociología de la iglesia tanto en los Estados Unidos como en América Latina. Por otro lado, la iglesia ha usado principios de mercadeo y administración para llegar al mayor número de personas en la menor cantidad de tiempo. Así hemos visto cómo los medios de comunicación masiva, es decir, la prensa, la radio y la televisión; los principios de mercadeo, como la correspondencia directa («direct mailing»)

---

[78] Sobre el uso de la sociología y las técnicas de mercadeo en el diseño de nuevos métodos de evangelización vea el libro de David Stoll, *¿Is Latin America Turning Protestant?: The Politics of Evangelical Growth* (Berkeley: University of America Press, 1980), 73-98. Sobre el uso de los medios de comunicación masiva por la Iglesia evangélica en nuestro contexto vea a Hugo Assmann, *La Iglesia Electrónica y su impacto en América Latina* (San José: Editorial DEI, 1897) y el número dedicado a este tema por la revista *Pastoralia* número 18 (Julio 1987).

y las campañas de publicidad; y las nuevas técnicas de administración, como la administración por objetivos y el uso de las computadoras han llegado para quedarse.

La iglesia hispanoamericana no está exenta de estas discusiones. Las mismas están presentes cada vez que dos personas discuten si la iglesia debe dedicar sus esfuerzos al «evangelismo personal» o a la «obra social». Están presentes cuando la discusión gira en torno a la importancia de crecer «en cantidad» o «en calidad.» Están presentes cada vez que ofrecemos un taller de evangelización donde presentamos el método que se ha convertido en el «último grito de la moda.»

La dicotomía entre «obra social» y «predicación» muestra un entendimiento muy limitado del Evangelio. Para crecer integralmente, la iglesia necesita partir de una definición integrada del Evangelio de Jesucristo. Cuando vemos el Evangelio en su totalidad, comprendemos que la «obra social» no es solo «parte» del mensaje de Jesucristo. El asunto es mucho más profundo. Ministrar a las necesidades de los demás no es algo «social.» Ministrar a los demás es el Evangelio de Jesucristo.

La tesis de este artículo es que el asunto más importante que plantea la reflexión teológica sobre la misión y la evangelización para la iglesia de hoy es la definición del Evangelio. El Evangelio[79] es la proclamación de la buena noticia de que, a través de la muerte y la resurrección de Jesús el Cristo, el Reino de Dios ha comenzado a manifestarse en nuestros medios. El Evangelio anuncia que ahora el género humano puede vivir en el poder del Reino de Dios. Por lo tanto, el Evangelio implica la manifestación de un nuevo orden de justicia y vida: un nuevo orden donde el pecado y la muerte serán eliminados de la experiencia humana.

---

[79] En este punto seguimos los apuntes de Justo L. González en *Mañana: Christian Theology from a Hispanic Perspective* (Nashville: Abingdon Press, 1990), 167.

LA GRAN COMISIÓN

Después de estas notas introductorias, propongo que nos acerquemos a los últimos versos del Evangelio según San Mateo. Este pasaje se conoce con el nombre de La Gran Comisión (Mt. 28.16-20), ya que contiene un nuevo mandamiento para la Iglesia cristiana: Los seguidores de Jesús tienen la misión de viajar por todo el mundo haciendo nuevos discípulos de Cristo. En su contexto original, el texto redefinió la misión cristiana, ampliando la misma para incluir a las personas no-judías. En nuestro contexto, el texto nos sugiere un modelo bíblico de trabajo pastoral.

I. El texto en su contexto

El Evangelio según San Mateo fue escrito en un momento de confrontación entre el fariseísmo y el cristianismo. La confrontación estaba centrada en tres preguntas básicas.

La primera pregunta era: ¿Cuál es el verdadero maestro del pueblo de Dios? Los fariseos afirmaban la importancia de Moisés como dador de la Ley mientras que Mateo presenta a Jesús como el único maestro para el pueblo de Dios (23.8, 4.23, 9.35, compare con 11.1), pues sus enseñanzas eran superiores a las de Moisés y a las del judaísmo rabínico de los fariseos (5.17-48).

La segunda era: ¿Cuál es el verdadero Israel? ¿Cuál es el verdadero pueblo de Dios? Mateo contesta esta pregunta en forma clara. Para Mateo, Jesús es el verdadero maestro e intérprete de la Ley. Por lo tanto, La Iglesia cristiana es el verdadero «Israel», es decir, el verdadero pueblo de Dios.

La tercera era: ¿Qué institución está llamada a enseñar la palabra de Dios al pueblo, la sinagoga farisea o la Iglesia cristiana? ¿Quiénes son los verdaderos intérpretes de la Ley, los rabinos fariseos o los maestros cristianos? Mateo afirma que los discípulos no enseñaban al pueblo durante el ministerio de Jesús. Sin embargo, precisamente el texto de La Gran

Comisión (28.16-20) pone en las manos del liderazgo cristiano la tarea de continuar el ministerio docente de Jesús.

Como indicamos al principio, el pasaje que nos ocupa agrupa los últimos versículos del Evangelio. La última sección de Mateo describe la pasión, muerte, resurrección de Jesús y la «Gran Comisión» (26.1-28.20). En esta sección encontramos todos los eventos relacionados a la muerte de Jesús, comenzando por la conspiración para arrestar a Jesús (26.1-5 y 14-16), la preparación para la muerte (26.6-13), la institución de la Cena del Señor (26.17-29), el anuncio de la negación de Pedro (26.30-35) y el arresto en Getsemaní (26.36-56). Jesús es juzgado por los líderes judíos (26.57-68) y por las autoridades romanas (27.1-2 y 11-31) mientras Pedro le niega (26.69-75) y Judas se suicida (27.3-10). Finalmente, Jesús es asesinado (27.32-56) y sepultado (27.57-61) bajo fuerte vigilancia militar (27.62-66). Sin embargo, Jesús resucita (28.1-10) y, a pesar de la oposición de las autoridades (28.11-15), les encomienda a sus discípulos la tarea de hacer discípulos en todo el mundo (28.16-20).

El relato sigue una antigua forma[80] profética conocida como la «fórmula del mensajero.» La función de la fórmula del mensajero es doble. Por un lado, identifica al que envía el mensaje. Por otro, afirma la autoridad del profeta. La fórmula del mensajero tiene la siguiente estructura:

Narración: La porción comienza con una breve historia que sirve de marco al mandato que será dado a continuación. En este caso, el texto narra el encuentro final de Jesús con sus discípulos en la región de Galilea (vv. 16-17).

---

[80] En este punto seguimos a Eduard Schweizer, *The Good News According to Matthew* (Atlanta: John Knox Press, 1975), 531. Esta fórmula de expresión profética es común en el Antiguo Testamento. Podemos encontrar algunos ejemplos en Jeremías 20.1-6; 28.12-16; y 30.1-3. Para más información sobre la fórmula del mensajero vea el artículo de Robert W. Wilson, en el *Harper's Bible Dictionary*, editado por Paul J. Achtemeier (San Francisco: Harper and Roe, 1985), 828 y 829.

LA GRAN COMISIÓN

Afirmación de la autoridad del profeta: Jesús comienza su breve discurso indicando que Dios le ha dado poder sobre todas las cosas (v. 18). Esta afirmación del poder de Jesús refuerza el mandato que aparece en el próximo verso.

Mandato: Esta es la parte central de todo el relato. Jesús comisiona a sus discípulos y les envía a hacer discípulos por todo el mundo (v. 19-20a).

Motivación para cumplir el mandato: Las últimas palabras del texto tienen el propósito de alentar a los discípulos a cumplir el mandamiento de Jesús. El Señor resucitado les asegura que su presencia no se apartará de aquellos que se den a la tarea de cumplir la misión (v. 20b).

Los primeros versos de La Gran Comisión narran el último encuentro que ocurre entre Jesús y sus discípulos en la Galilea. Obedeciendo el mandato de Jesús, los once discípulos viajan una vez más a la periferia de la Tierra Prometida (v. 16a). El núcleo original de doce discípulos se ha reducido a once porque Judas, el tesorero infiel, se ha suicidado (27.3-10) poco después de traicionar a Jesús (26.14-16 y 47-50).

Los discípulos habían sido citados para encontrarse con Jesús en un monte. En Mateo, el «monte» es el lugar donde ocurren las revelaciones. Jesús es tentado por las fuerzas del mal en un monte (Mt. 4.8). El Maestro enseña su nueva interpretación de la Ley en el sermón del monte (Mt. 5.1). La transfiguración que revela a Jesús en gloria ocurre en un monte (Mt. 17.1-13). Jesús sufre la muerte en el monte de la calavera (Mt. 27.33). Finalmente, Jesús comisiona a sus discípulos y asciende a los cielos desde un monte (Mt. 28.16b). Una vez más vemos el paralelo con la figura de Moisés, quien dio la Ley desde un monte (llamado Sinaí en Ex. 19.1-3 y Horeb en Dt. 5.1-2) y se despidió de la tierra prometida desde otro monte (llamado Nebo en Dt. 34.1-5).

Allí los discípulos encontraron al Señor resucitado y, entre dudas, le adoraron (v. 17). La palabra que Mateo usa para describir la adoración de Jesús[81] implica que los discípulos se postraron en tierra, con la frente tocando el piso. Mateo también usa esta palabra para describir la adoración que recibió Jesús de parte de los magos (2.11); la que el diablo quería recibir de Jesús en el monte de la tentación (4.9); la actitud del principal de la sinagoga que le pidió a Jesús que resucitara a su hija (9.18); y la reacción de los discípulos después que Jesús caminó sobre el mar (14.33).

Jesús disipa las dudas de los discípulos afirmando que Dios le ha dado «toda potestad en el cielo y en la tierra» (v. 18). Aunque el texto no dice explícitamente que Dios es quien ha delegado todo este poder en Jesús, esta interpretación está implícita en la construcción gramatical[82] del texto. Como sabemos, los judíos consideran que nombrar a Dios es una falta de respeto. Por esta causa la piedad judía exigía buscar formas alternas para hablar de Dios sin nombrarlo. Una de las formas más comunes para referirse a Dios era, pues, usando construcciones verbales en la voz pasiva. Así, cuando el Nuevo Testamento dice que Jesús «ha recibido poder» lo que en realidad quiere decir es «Dios ha delegado todo su poder en Jesús.»

La declaración de autoridad prepara el terreno para el pronunciamiento del nuevo mandamiento (v. 19-20a). El mandamiento tiene tres puntos principales:

«Id... a todas las naciones»: De por sí, esto es un escándalo. Tradicionalmente los judíos habían afirmado que la misión estaba limitada al pueblo escogido. Para ser incluido en el pacto con Dios y disfrutar de sus beneficios era necesario convertirse al judaísmo. Con estas sencillas palabras Jesús destruye el

---

[81] Mateo usa el verbo «proskunéö», que quiere decir «postrarse en actitud de adoración». Vea la definición dada por F. Wilbur Gingrich en la segunda edición del *Shorter Lexicon of the New Testament Greek*, revisado por Frederick Danker, (Chicago: The University of Chicago Press, 1983), 171.

[82] Para una explicación más amplia de la construcción gramatical de este verso vea el comentario de Pierre Bonnard, *Evangelio según San Mateo* (Madrid: Ediciones Cristiandad, 1976), 623.

antiguo esquema misionero. La nueva definición de la misión es inclusiva; ahora todas las naciones, todos los pueblos, todas las etnias, toda la humanidad tiene la oportunidad de entrar en una relación de pacto con Dios.

«Haced discípulos»: La tarea central de la misión cristiana es muy particular. Jesús pone sobre los hombros de sus discípulos la misión de hacer nuevos discípulos. Para entender este mandato, es necesario definir el concepto «discípulo.» Un discípulo es una persona que aprende imitando el ejemplo de su maestro. El discípulo pasa por un proceso de aprendizaje donde convive por un tiempo con su maestro. Esta convivencia le permite aprender tanto de las palabras como del ejemplo de su maestro. En este sentido, los seguidores de Jesús no están llamados a hacer «alumnos» que aprendan las enseñanzas del Maestro en el contexto de un aula o un salón de clases. ¡Todo lo contrario! Los discípulos de Jesús están llamados a entrar en un proceso de conversión que les lleve a vivir en comunión con su Maestro, aprendiendo tanto de las palabras como de la práctica de Jesús.

«Bautizando... y enseñando»: Jesús propone un método para la formación de los nuevos discípulos. El método sigue dos estrategias básicas. En primer lugar, los nuevos discípulos deben ser bautizados. Ser bautizado implica ser iniciado en la vida comunitaria de la iglesia, después de haber pasado por un proceso de arrepentimiento, confesión de pecados y conversión. La persona bautizada pasa a ser parte de una comunidad de fe que celebra unida y adora al Dios de Jesucristo. Segundo, los nuevos discípulos deben entrar en un proceso de enseñanza/aprendizaje.[83] Este proceso tiene el propósito de enseñarles a «guardar» todos los mandamientos de Jesús. Por lo tanto, el objetivo de este proceso educativo es práctico. El discípulo no está llamado a conocer en teoría los mandamientos de Jesús, sino a vivir las enseñanzas del

---

[83]Sobre este punto véase a Mortimer Arias, *The Great Commission: Biblical Models of Evangelism* (Nashville: Abingdon Press, 1992), 18-22.

maestro. Por lo tanto, la meta de la educación cristiana es que el creyente desarrolle una práctica de la fe que propicie un estilo de vida consistente con las enseñanzas de Jesús.[84]

El verso final proporciona la motivación que la iglesia necesita para cumplir el mandamiento de Jesús. Jesús les promete a sus discípulos que su presencia no se apartará de aquellos que se involucren en el arduo trabajo misionero que queda por delante (v. 20b). Su promesa de acompañamiento pastoral es todo lo que necesitan los misioneros para cumplir el nuevo mandamiento de Jesús.

II. El texto en nuestro contexto

La Gran Comisión nos presenta un modelo bíblico de evangelización integral. A continuación, pasaremos a considerar algunos elementos importantes de este modelo, esperando que estos elementos nos ayuden a desarrollar un trabajo pastoral más efectivo y relevante.

1. La movilización de la iglesia

El relato comienza indicando que los discípulos fueron a Galilea. Jesús les había citado allí desde antes de su muerte. La región de Galilea es la periferia[85] de la Tierra Santa. Un lugar menospreciado por los líderes religiosos de Jerusalén. Pero, interesantemente, es allí, en la periferia, donde Jesús cita a sus discípulos. En Jerusalén, el gran centro religioso de su época, Jesús solo encontró la muerte. En Galilea, la periferia, Jesús recibe la adoración de sus discípulos.

---

[84] Sobre la meta del ministerio educativo de la iglesia véase a Pablo A. Jiménez, «Creando una nueva humanidad: Reflexión sobre la tarea educativa de la iglesia basada en Efesios 4.17-32», *Apuntes* 11:4 (Invierno 1991): 75-80.

[85] Esta idea fue desarrollada por Orlando Costas en su libro *Evangelización contextual: Fundamentos teológicos y pastorales* (San José: Ediciones Sebila, 1986), 46-72.

Nosotros también, como discípulos de Cristo, estamos llamados a ir a la periferia, a ministrar a aquellas personas que han sido marginadas por los poderosos; a ministrar a las personas que no tienen acceso a los grandes círculos de poder. Pero para poder ministrar en la periferia, es necesario ir a la periferia. Todo esto nos lleva a considerar el problema de la movilización de la iglesia.

La iglesia protestante actual padece de un grave problema que podemos llamar «hiero-centrismo», es decir, de la tendencia a ver el templo o lugar de culto como el centro de toda la actividad de la congregación. Así nuestro trabajo misionero se limita a invitar a los «pecadores» que vengan a los templos o a los demás sitios de reunión para que allí escuchen la predicación del Evangelio. Aunque este modelo ha tenido cierto grado de efectividad, el mismo presenta serias dificultades. El problema se agrava en aquellas congregaciones que dependen totalmente de este método. Este tipo de evangelización institucionalizada tiene su lugar, pero debemos recordar que el Señor nos ha mandado ir a la periferia, es decir, a movilizarnos a la misión. Como escribiera Don Rubén Lores: «Nuestra responsabilidad primera no es invitar a los pecadores que vengan a los templos sino más bien ir donde ellos están.»[86]

Durante mi primer pastorado dediqué un tiempo a estudiar diversos métodos de evangelización. Estudié el evangelismo explosivo, las células, los grupos familiares y las unidades homogéneas del igle-crecimiento (mejor conocido por su nombre en inglés, «Church Growth»). Encontré que todos los métodos tienen algo en común: para ser efectivos, es necesario movilizar la iglesia.

En este sentido, Jesús ya nos dio el método por excelencia. Tenemos que ir; tenemos que movilizarnos por toda la comunidad viviendo y proclamando el Evangelio integral de nuestro Señor Jesucristo.

---

[86] Lores, 45-54.

2. El discipulado cristiano

En La Gran Comisión Jesús nos manda a «hacer discípulos.» Nótese que la palabra está en plural. Jesús no nos mandó a predicar un Evangelio individualista donde—sin que nadie lo note—el Señor entre en el «corazón» del creyente. ¡Todo lo contrario! Jesús nos mandó a organizar comunidades de discípulos que vivan el Evangelio y que demuestren públicamente en su diario vivir el Señorío de Jesucristo en sus vidas.

Esto puede resumirse en una frase: Jesús mandó sus discípulos a desarrollar una «pastoral de comunidad.» La consideración de este punto es muy importante cuando hablamos del desarrollo del trabajo pastoral en nuestras comunidades de fe. Estudiosos del tema de la administración eclesiástica han identificado que en los Estados Unidos existen seis tipos de iglesias. Estas categorías[87] son:

Las iglesias de comunidad: Estas congregaciones sirven a un grupo de personas que viven en un vecindario en específico. Están localizadas en calles secundarias o en algún punto conocido de la vecindad. Por lo regular, todos sus miembros viven o han vivido en la comunidad. Por esta razón, estas congregaciones tienden a ser bastante homogéneas en su composición social.

Las iglesias en comunidades rurales: Estas iglesias sirven a comunidades rurales donde las personas viven en fincas o parcelas. Estas comunidades tienen poca población, razón por la cual estas iglesias tienden a ser muy pequeñas y a crecer muy poco. En ocasiones, algunas personas que se criaron en la comunidad continúan asistiendo a la misma aún después de haberse mudado a un área urbana cercana.

---

[87] James D. Anderson y Ezra Earl Jones, *The Management of Ministry* (San Francisco: Harper & Row, Publishers, 1978), pp. 30-35.

Las iglesias de pueblos: En pueblos pequeños encontramos iglesias en lugares céntricos donde asisten personas de todas partes del poblado. Estas iglesias juegan un papel muy importante en el pueblo y tienen cierta influencia en las decisiones importantes que toman los líderes políticos y sociales de la comunidad.

Las iglesias «metropolitanas»: Estas son congregaciones en grandes áreas urbanas donde asisten personas provenientes de distintas comunidades. Están localizadas en carreteras principales de la ciudad, por lo que gozan de gran visibilidad. Aun cuando se ubiquen en áreas residenciales, su feligresía viene de distintas partes de la ciudad.

Las iglesias de ciudad: Estas congregaciones se ubican en el centro de la ciudad. Están rodeadas de edificios que albergan oficinas y comercios. La feligresía vive, por lo regular, a una distancia considerable del templo. Sólo van al centro de la ciudad para asistir a la iglesia. La composición social de estas iglesias es muy variada, pues en ellas pueden encontrarse personas adineradas adorando junto a personas pobres que viven en los viejos edificios del centro de la ciudad. Por lo regular, fueron la primera iglesia de su denominación en sus respectivas ciudades.

Las iglesias de «teología especial»: Estas son congregaciones a las cuales la gente asiste por razones muy particulares. Por lo regular, la iglesia de teología especial ofrece algún incentivo que motiva a sus miembros congregarse allí, aun cuando tengan otras opciones disponibles. Este incentivo puede ser una perspectiva teológica, el liderazgo de un ministro muy carismático o un programa de calidad excepcional. Algunas personas aún viajan grandes distancias—pasando por frente a otras congregaciones--para asistir a estas iglesias. En este sentido, este es el único tipo de iglesia donde la localización no afecta considerablemente la composición de la congregación.

Como podemos ver, la comunidad afecta el carácter de la congregación. Tomemos un ejemplo del contexto estadounidense. Las iglesias Hispanas en el noreste de los Estados Unidos están pasando por un momento de transición. Muchas de las iglesias fundadas en las décadas de los 40 y 50 se encuentran en una encrucijada. Por un lado, la inmigración puertorriqueña ha cesado. Los nuevos inmigrantes nuevos vienen de todas partes de América Latina, en especial de la República Dominicana, de México y de Colombia. Por otro lado, los barrios hispanos se han transformado. Algunos, prácticamente, han desaparecido. En ocasiones, han pasado a ser zonas comerciales. En otras, ha cambiado la nacionalidad de los habitantes. Poco a poco nuestra juventud–la segunda generación—se mueve a otras comunidades de clase media; sólo va a los barrios hispanos cuando asiste a la iglesia o cuando visita sus familiares.

Ante esta realidad, es necesario redefinir la misión de la iglesia Hispana en los Estados Unidos.

Somos iglesia para el pueblo latino. Venimos de Bogotá y de Barquisimeto: de San Pedro Sula y de San Salvador; de Bayamón y de Bonao.

Somos iglesia para las comunidades hispanas. Servimos primeramente a las personas que viven en la comunidad donde se encuentra nuestro templo.

Somos iglesia para las personas marginadas. Ministramos a madres solteras, a las víctimas del discrimen y a las personas oprimidas por la adicción.

Ante esta nueva realidad debemos preguntarnos qué clase de iglesia queremos. ¿Queremos iglesias de comunidad o iglesias metropolitanas? ¿Deseamos iglesias de pueblo o de «teología especial»? ¿Cuáles son nuestras posibilidades en el lugar donde Dios nos ha llamado a ministrar? ¿Cuál es nuestra meta y cómo podemos lograrla?

Este aspecto comunitario del discipulado cristiano también nos lleva a cuestionar los distintos modelos de evangelización que emplean medios impersonales para presentar el Evangelio.

O para presentarlo en forma de pregunta: ¿Cuán personal es el «Evangelismo personal»? La discusión de este punto es muy importante. A veces el método se convierte en un fin en sí mismo. A veces el método llega a ser más importante que las personas. A veces empleamos el método más reciente o novedoso sin preguntarnos cuál será la reacción de la gente «evangelizada» por estos medios.

Creo que la mayor parte de los métodos disponibles tratan a la gente en forma superficial, hablándoles como si supieran las respuestas antes de saber las preguntas. El verdadero evangelismo personal no es el resultado de un método, sino de un acompañamiento pastoral constante donde la persona se siente pastoreada por una iglesia que la conoce y que la ama. El verdadero evangelismo personal provoca el desarrollo de una «Pastoral de comunidad.» El verdadero evangelismo personal celebra los nacimientos, instruye a los niños, prepara para el matrimonio, aconseja en las crisis familiares y llora las muertes. Esto no se aprende en los libros ni se logra usando técnicas de mercadeo.

Podemos resumir esta discusión diciendo que el discipulado es un proceso que requiere un acompañamiento pastoral constante hasta lograr la meta que la persona evangelizada se convierta, a su vez, en un agente evangelizador. Aquí hago eco una vez más de las palabras de Don Rubén Lores:

> El hecho de «hacer» un discípulo implica que el evangelizador toma tan en serio la tarea que está dispuesto a establecer y mantener una relación dinámica continua con el evangelizado y que no dará por concluida su labor hasta que el nuevo creyente adquiera un compromiso serio o inteligente con Cristo y se convierta a su vez en un evangelizador.[88]

---

[88] Lores, 48.

3. El proceso educativo

Jesús propone un «método» para hacer discípulos que incluye dos elementos: El bautismo y la enseñanza. Es importante que los nuevos discípulos sean bautizados, ya que el bautismo es la iniciación en la vida comunitaria de la iglesia. Este evento conduce a los creyentes por las etapas iniciales del discipulado cristiano. Estas son:

Arrepentimiento y conversión: Para ser un discípulo es necesario reconocer nuestro pecado, confesar nuestra maldad, arrepentirnos y cambiar nuestra forma tanto de actuar como de pensar. Sin embargo, para lograr una verdadera conversión es necesario que redefinamos nuestro concepto de lo que es el pecado. En nuestras iglesias hacemos gran énfasis en la piedad personal, olvidando que el pecado tiene consecuencias globales. Es necesario arrepentirse no solo de los pecados personales, sino también de los pecados sociales de los cuales tomamos parte.

Adoración y sacramento: Para ser un discípulo es necesario tomar parte en la vida comunitaria de la iglesia, participando de la adoración y el sacramento. Una vez más, afirmo que debemos redefinir la adoración en términos integrales. La adoración no se da únicamente en el contexto del templo. La verdadera adoración se da en la totalidad de la vida presentándonos como sacrificio vivo, santo y agradable a Dios (Ro. 12.1-2).

Si el bautismo marca el comienzo de nuestro peregrinaje cristiano, la enseñanza es el elemento que nos impulsa en el proceso de crecimiento que, a su vez, nos lleva a la madurez en la fe. La verdadera enseñanza une dos elementos fundamentales. Estos son:

Enseñanza de las doctrinas básicas de la fe (ortodoxia): Para crecer en la fe, los discípulos deben aprender las enseñanzas de Jesús. En cierto sentido, al acercarse a la fe el creyente entra en un proceso educativo que jamás tendrá fin; un proceso educativo que le llevará a estudiar la Biblia y a meditar en las enseñanzas de Jesús por el resto de sus días.

Una práctica histórica de la fe («ortopraxis»):[89] El aprendizaje de las enseñanzas de Jesús debe estar enmarcado en una práctica histórica. No debemos entender este proceso de aprendizaje en forma académica ni legalista. Las enseñanzas de Jesús son para practicarlas en una vida que muestre la misericordia de Dios.

Estos elementos—ortodoxia y ortopraxis—se encuentran presentes en la vida y el ministerio de Jesús de Nazaret. Por eso Jesús es el maestro por excelencia.

4. Una nueva espiritualidad

El pasaje termina con palabras de aliento que nos motivan a cumplir la misión. El Cristo resucitado nos asegura que su presencia no se apartará de nosotros. Saber que Jesús está con nosotros aquí y ahora es lo que nos permite desarrollar una práctica histórica de la fe consistente con las enseñanzas de Jesús. Como escribió Don Rubén Lores:

> La presencia de Cristo afirmada en el contexto de la proclamación del Evangelio confirma la posibilidad de que el creyente se convierta en discípulo del mismo Cristo y no simplemente en discípulo del discípulo que lo discípuló.[90]

La continua presencia de Jesús nos permite desarrollar una nueva espiritualidad que haga nuestra vida de fe más profunda. Esta nueva espiritualidad se manifiesta en cuatro esferas que cubren la totalidad de la vida:

La esfera personal y la esfera comunitaria: Afirmamos que el Evangelio continúa reclamando un compromiso personal firme de parte del creyente. Nuestro objetivo continúa siendo

---

[89] Arias, 20-21.
[90] Arias, 51-52.

el hacer discípulos. Del mismo modo, afirmamos que la experiencia de fe provocada por el mensaje del Evangelio ocurre en un contexto comunitario. La verdadera espiritualidad se manifiesta, a la misma vez, en ambas esferas de la experiencia humana.

La esfera inmediata y la esfera cósmica: Afirmamos que el Evangelio afecta nuestro contexto inmediato. Por esta razón, es necesario usar todos los recursos a nuestro alcance para predicar el mensaje cristiano con efectividad. En este sentido, el uso de las ciencias sociales y de las nuevas técnicas de comunicación tienen un lugar en el desarrollo de la misión y la evangelización cristiana. Sin embargo, no debemos olvidar que el Evangelio también tiene una dimensión cósmica. El mensaje del Evangelio rebasa los límites de nuestro tiempo y de nuestro espacio. Por eso, ningún método puede convertirse en un absoluto, ya que en el mañana Dios nos depara un futuro de dimensiones insospechadas.

En este sentido, estas esferas se sirven de correctivos unas a otras. La nueva espiritualidad que buscamos debe mantener la tensión entre estos correlatos. Así nos libraremos de caer en los extremos personalistas o universalistas que, en la práctica, limitan nuestra efectividad como agentes de cambio en nuestros respectivos contextos.

III. Conclusión

En resumen, La Gran Comisión presenta un modelo bíblico de trabajo pastoral. Este modelo traerá el crecimiento anhelado. Crecimiento no solo en el número de miembros de la congregación sino también en la profundidad y madurez de nuestro compromiso cristiano. Para crecer hay que seguir el modelo de Jesús:

- Movilizando nuestras iglesias.
- Haciendo discípulos.

- Involucrándonos en un proceso educativo que dure toda una vida.
- Cultivando una nueva espiritualidad.
- Sabiendo que, en el proceso, el Señor Jesucristo estará con nosotros todos los días, hasta el fin del mundo (v. 20).

LA GRAN COMISIÓN

4

ID Y PREDICAD (MARCOS 16.15)

La frase «id por todo el mundo y predicad el evangelio a toda criatura» (Mc. 16.15) es uno de los mandatos misioneros más importantes del Nuevo Testamento. Por su sencillez y claridad, es uno de los primeros textos bíblicos que uno memoriza después de llegar a la fe. Estas palabras del Cristo Resucitado nos exhortan a evangelizar, dando testimonio de nuestra fe a toda la humanidad.

Sin embargo, cuando uno busca estudios, ensayos, o escritos sobre la tarea misionera de la Iglesia, se encuentran más referencias a Mateo 28.16-20—el pasaje conocido como «La Gran Comisión»—que a Marcos 16.15. De hecho, yo mismo nunca antes había estudiado de cerca este texto bíblico. La pregunta que se impone es, pues, ¿por qué?

I. El problema

La respuesta a este dilema es un tanto compleja, pues se relaciona con una disciplina de los estudios bíblicos llamada «crítica textual». Permítanme explicar este punto de la manera más sencilla posible.

El proceso de publicación y distribución de libros en el mundo antiguo era ciertamente primitivo. Los textos se escribían a mano, por personas llamadas «amanuenses» o «copistas» cuya profesión era precisamente escribir y copiar documentos. Se escribía preferiblemente en arcilla mojada que después era cocida en un horno hasta convertirla en cerámica o en pedazos de piel de animales. También se escribía en papel, pero éste se rompía o se deterioraba más rápidamente que la cerámica o la piel.

Todos los documentos que hoy componen el Nuevo Testamento fueron escritos a mano en griego común (también llamado «koiné») y fueron copiados a mano. Como todos sabemos, siempre que uno copia un documento comete algunos errores, leyendo una palabra por otra, saltando una línea, o cambiando una letra. Si a esto le añadimos otros grados de dificultad—como el hecho de que el griego antiguo se escribía en mayúsculas, sin signos de puntuación, y sin dejar espacios entre las palabras—podremos comprender la dificultad de la empresa.

La crítica textual es la rama de los estudios bíblicos que se dedica al estudio de manuscritos antiguos, tratando de determinar cuál es la lectura correcta del texto bíblico. Por favor, noten que he dicho «manuscritos», en plural, porque hay cientos de fragmentos, rollos (en papel y en piel), y códices (libros) que contienen porciones de los libros que hoy conforman el Nuevo Testamento.

Marcos 16 es uno de los pasajes bíblicos más problemáticos desde el punto de vista de la crítica textual. El problema estriba en que los manuscritos más antiguos del Evangelio según San Marcos terminan en el versículo ocho del capítulo 16.

Esto nos deja, pues, sólo con dos alternativas. La primera es que Marcos tenía un final más amplio, que sencillamente se perdió en el proceso de transmisión del texto. La segunda es que el evangelista terminó su evangelio allí, a mitad de la narración, para darle mayor impacto a la conclusión de su escrito.

De todos modos, la Iglesia antigua entendió que Marcos estaba incompleto. ¿Por qué me aventuro a decir tal cosa? Porque mientras los manuscritos más antiguos concluyen en Marcos 16.8, otros manuscritos del cuarto siglo de la era cristiana ofrecen tres versiones distintas del final del escrito.

A. La conclusión corta

En algunos manuscritos, Marcos termina con un pasaje relativamente corto que dice de la siguiente manera:

> En pocas palabras, las mujeres contaron a Pedro y a sus compañeros todo lo que el ángel les había dicho. Después de esto, Jesús mismo, por medio de sus discípulos, envió de oriente a occidente el mensaje incorruptible de la salvación eterna. Amén.

Sin embargo, este pasaje no fue aceptado por toda la iglesia como una conclusión adecuada para Marcos.

B. La conclusión larga

Otros manuscritos contienen el pasaje bíblico que fue finalmente aceptado por toda la cristiandad como la conclusión de Marcos. Este se encuentra impreso en nuestras Biblias, desde el versículo 9 al 20.

C. El «logion Freer»

Aún otros manuscritos incluyen una «glosa» o anotación después del versículo 14 de la versión larga. Esta nota, que trata de explicar por qué los discípulos se resistían a creer en la resurrección de Jesús, dice de la siguiente manera:[91]

---

[91] Vincent Taylor incluye tanto el texto griego como una traducción al español

Ellos replicaron: «Esta era de injusticia e incredulidad está bajo el dominio de Satanás, quien por medio de los espíritus malos no permite que sea comprendido el verdadero poder de Dios; por eso revela ahora tu justicia.» Ellos se dirigían a Cristo, y él les replicó: «Han terminado los años del poder de Satanás, pero se aproximan cosas terribles, aun para los pecadores por los que fui entregado a la muerte, para que vuelen a la verdad y no pequen más, y para que hereden la gloria espiritual e incorruptible de la justicia que está en los cielos.»

Como pueden imaginar, este fragmento presenta serios problemas doctrinales. Por esta razón, fue rechazado por la Iglesia antigua.

D. Resumen

El asunto es aún más complejo, porque algunos manuscritos incluyen diversas combinaciones de estos textos. Por ejemplo, en algunos aparecen la versión corta y la larga, en otros la larga y el «logion», y en aún otros aparecen los tres textos.

Les ruego que me perdonen por tomar de su tiempo para explicar estos puntos técnicos. Sin embargo, es necesario que comprendamos los desafíos que presenta el final de Marcos para quien se aventura a estudiarlo. Estos problemas textuales explican por qué comentaristas de todas las vertientes— liberales, conservadores, y hasta fundamentalistas—se resisten a estudiar este pasaje de la escritura.

En nuestro caso, después de explicar estos asuntos textuales, procederemos con toda confianza a comentar la conclusión "larga" de Marcos. A fin de cuentas, este es el pasaje bíblico que la Iglesia ha reconocido como parte del canon, como documento inspirado, y como palabra de Dios.

---

en su comentario, titulado *Evangelio según San Marcos* (Madrid: Ediciones Cristiandad, 1979), 744-745.

II. Marcos 16.9-20: Una visión de conjunto

Marcos 16.9-20 lee de la siguiente manera:

⁹Habiendo, pues, resucitado Jesús por la mañana, el primer día de la semana, apareció primeramente a María Magdalena, de quien había echado siete demonios. ¹⁰Yendo ella, lo hizo saber a los que habían estado con él, los cuales estaban tristes y llorando. ¹¹Ellos, cuando oyeron que vivía y que había sido visto por ella, no lo creyeron. ¹²Pero después apareció en otra forma a dos de ellos que iban de camino al campo. ¹³Ellos fueron y lo hicieron saber a los otros; y ni aun a ellos les creyeron. ¹⁴Finalmente se apareció a los once mismos, estando ellos sentados a la mesa, y les reprochó su incredulidad y dureza de corazón, porque no habían creído a los que lo habían visto resucitado. ¹⁵Y les dijo: Id por todo el mundo y predicad el evangelio a toda criatura. ¹⁶El que crea y sea bautizado, será salvo; pero el que no crea, será condenado. ¹⁷Estas señales seguirán a los que creen: En mi nombre echarán fuera demonios, hablarán nuevas lenguas, ¹⁸tomarán serpientes en las manos y, aunque beban cosa mortífera, no les hará daño; sobre los enfermos pondrán sus manos, y sanarán. ¹⁹Y el Señor, después que les habló, fue recibido arriba en el cielo y se sentó a la diestra de Dios. ²⁰Ellos, saliendo, predicaron en todas partes, ayudándolos el Señor y confirmando la palabra con las señales que la acompañaban. Amén.

Este pasaje puede dividirse en tres secciones. La primera (vv. 9-14) narra dos apariciones del Cristo Resucitado. Por un lado, narra el encuentro entre Jesús y María Magdalena (vv. 9-11). Por otro lado, narra el encuentro entre Jesús y dos personas que caminaban al campo (vv. 12-13). Evidentemente, estos versículos resumen dos pasajes mucho más largos y mucho más conocidos: las apariciones del Cristo resucitado ante María Magdalena (Juan 20.11-18) y ante los caminantes a Emaús (Lucas 24.13-35).

La segunda sección (vv. 15-18) narra el encuentro entre el Cristo resucitado y sus discípulos, que se encontraban cenando. En esta sección es donde aparece el mandato misionero. Este texto nos recuerda los encuentros entre Jesús y los discípulos narrados en Mateo 28.16-20, en Lucas 24.36-19, y en Juan 21. Del mismo modo, el mandato misionero presenta ciertos puntos de contacto con Lucas 24.47, con Mateo 28.19, y con Marcos 13.10.

La tercera y última sección (vv. 19-20) narra la ascensión y exaltación de Jesús y la respuesta de los discípulos al mandato misionero de Jesús. Una vez más, el pasaje presenta puntos de contacto con los relatos de la ascensión de Jesús en Lucas 24.50-51, en Hechos 1.6-11, y con la visión del Cristo exaltado que tuvo Esteban en Hechos 7.56.

Es evidente que Marcos 16.9-20 resume varias narrativas sobre el Cristo Resucitado que aparecen tanto en los otros Evangelios como en el libro de los Hechos de los Apóstoles. La pregunta que se impone, pues, es cómo se relaciona este texto con el resto del Evangelio según San Marcos.

Podemos afirmar que el tema central de Marcos 16.9-20 es la fe. En griego, la palabra «fe» (Gr. «pístis») está relacionada el verbo «creer» (Gr. «pistéuo»). Del mismo modo, la palabra griega que se traduce en nuestras Biblias como «incredulidad» es una forma de la palabra fe. En español, podemos formar el antónimo de una palabra añadiendo el prefijo «in». Por ejemplo, uno puede estar «cómodo» o «incómodo». En griego, el antónimo se forma añadiendo el prefijo «a». Por lo tanto, la palabra griega para fe es «pístis» y la palabra para incredulidad es «apistía».

Todo esto para afirmar que el tema central de este pasaje bíblico es el encuentro entre la fe y la «no-fe»; entre creer y no creer; entre fe e incredulidad.

Cualquier persona que lea Marcos con cuidado notará que la vacilación entre la fe y la falta de fe es uno de los temas centrales del escrito. Particularmente, son los discípulos de Jesús oscilan entre la fe y la incredulidad en el evangelio.

LA GRAN COMISIÓN

En Marcos 4.40, después de calmar la tempestad, Jesús pregunta a sus discípulos: «¿Por qué estáis amedrentados? ¿Por qué no tenéis fe?»

En Marcos 9.19, en el relato de la curación de un muchacho endemoniado, Jesús fustiga tanto a los discípulos como a la multitud diciendo: «¡Generación incrédula! ¿Hasta cuanto he de estar con vosotros? ¿Hasta cuándo os he de soportar?

Pero más importante aún es la serie de malentendidos ocurren entre Jesús y los discípulos del capítulo 8 al 10 del escrito.

Los discípulos no entienden la advertencia de Jesús sobre la levadura de los fariseos, ni comprenden el significado de las multiplicaciones del pan (8.14-21).

Pedro no entiende por qué Jesús debe morir (8.31-33).

Pedro, Jacobo y Juan desean quedarse en el monte de la transfiguración (9.2-12).

El resto de los discípulos no pueden liberar a un endemoniado (9.14-29).

Los discípulos desean saber quién será el mayor en el reino de los cielos (9.33-37).

Juan le prohíbe ministrar a un hombre que echaba fuera demonios en el nombre de Jesús (9.38-41)

Los discípulos no entienden las palabras de Jesús al joven rico (10.17-31)

Juan y Jacobo piden ser los ayudantes principales de Jesús en el reino (10.35-45).

Los discípulos reprenden—como si estuviera endemoniado—a Bartimeo el Ciego cuando trata de acercarse a Jesús (10.48).

Como vemos, esta sección es una verdadera comedia de errores, que demuestra la incredulidad de los seguidores de Jesús.

La lucha entre fe e incredulidad llegará a su punto culminante en el relato de la pasión, muerte, y resurrección de nuestro Señor Jesucristo.

Judas, uno de los discípulos, delata a Jesús a cambio de dinero (14.10-11).

Los discípulos huyen cuando la guardia del templo y la turba armada llega al Jardín del Getsemaní para arrestar a Jesús (14.50-51).

Pedro, uno de los líderes del grupo, niega conocer a Jesús (14.66-72).

Las mujeres que vieron la tumba vacía y que fueron enviadas por un ángel a comunicar el milagro de la resurrección «salieron huyendo del sepulcro, porque les había entrado temblor y espanto; y no dijeron nada a nadie, porque tenían miedo» (16.8)

En Marcos 16.9-20 encontramos tres referencias a la incredulidad de los discípulos. Primero, se niegan a creer el testimonio de la Magdalena (v. 11). Segundo, se niegan a creer el testimonio de los caminantes (v. 13). Tercero, Jesús mismo deplora su incredulidad (v. 14). Quizás ahora esté más claro por qué algún copista introdujo la glosa que trata de explicar y excusar la incredulidad de los discípulos.

III. Marcos 16.14-18: El mandato misionero

Dediquemos, pues, algunos minutos a mirar el mandato misionero de Jesús. Debemos notar que el Resucitado se aparece a los once discípulos restantes, que se encontraban entados a la mesa (v. 14a). Esta es una clara referencia a la Cena del Señor, afirmando que el Cristo Resucitado manifiesta su presencia cuando el pueblo de Dios se reúne alrededor de la mesa.[92]

Jesús usa palabras muy duras contra sus discípulos (v. 14b). El reproche es aún más severo que el de Marcos 8.14-21. Jesús usa los términos «incredulidad» (gr. «apistía») y «dureza de corazón» (gr. «esclerokardía»), palabras que Marcos aplica a los enemigos de Jesús («apistía» en 6.6 y 9.24; «esclerokardía» en 10.5).[93]

Los versículos 15 al 18 contienen el mandato misionero de Jesús a los discípulos incrédulos. Debemos notar que los versículos 15 y 16 están construidos en verso, usando el paralelismo que caracteriza a los salmos, los cánticos, y los poemas en el Antiguo Testamento:

Id por todo el mundo

y predicad el evangelio a toda criatura.

El que crea y sea bautizado, será salvo;

pero el que no crea, será condenado.

Como bien sabemos, la poesía hebrea se caracteriza por el paralelismo entre dos o más líneas. En ocasiones, la segunda línea reitera lo que dice la primera. Por ejemplo, el Salmo 19 comienza diciendo: «Los cielos cuentan la gloria de Dios y el firmamento anuncia la obra de sus manos.» En este caso, la segunda línea repite las ideas que aparecen en la primera. Los «cielos» son equivalentes al «firmamento»; «contar» significa «anunciar»; y la «gloria de Dios» es igual a la «obra de sus manos». Este tipo de paralelismo se conoce como «sinónimo».

En otras ocasiones, la segunda línea presenta ideas contrarias a la primera. Por ejemplo, el Salmo 1 termina diciendo: "Porque Jehová conoce el camino de los justos, mas la senda de los malos perecerá." En este caso, el texto contrasta

---

[92] Joachim Gnilka, *El Evangelio según San Marcos* (Mc. 8.27-16.20) Vol. II (Salamanca: Ediciones Sígueme, 1986), 417.

[93] Taylor, 741.

«el camino de los justos» y «la senda de los malos». Contrasta, además, al Dios de la Vida, con la muerte que acarrea una vida de pecado. Este tipo de paralelismo se conoce como «antitético».

Por lo tanto, podemos afirmar que el versículo 15 está construido en forma poética, usando paralelismo sinónimo. En este caso, «ir» es equivalente a «predicar el evangelio»; y «todo el mundo» es equivalente a «toda criatura». Es decir, el texto afirma que «ir» y «predicar» son una y la misma cosa. Debemos notar que Jesús le dice estas palabras a un grupo de discípulos que se encontraban sentados, escondidos, y paralizados por el miedo. Para cumplir la misión, era necesario que se pusieran en pie.

El mandato misionero tiene una nota más universal e inclusiva que la Gran Comisión. En aquel texto, Jesús Resucitado ordena a los discípulos «id y haced discípulos a todas las naciones». El problema es que la palabra traducida como «naciones» en nuestras Biblias también puede traducirse como «gentiles». En este caso, la Gran Comisión puede entenderse como un mandato a evangelizar sólo a los gentiles. Por su parte, el mandato misionero de Marcos 16.15 abarca a toda persona, de todo grupo étnico, y hasta a la creación misma. Sí, lo oyeron bien, la proclamación del evangelio implica la redención de la naturaleza, como dice el apóstol Pablo en Romanos 8.18-25:

> [18]Tengo por cierto que las aflicciones del tiempo presente no son comparables con la gloria venidera que en nosotros ha de manifestarse, [19]porque el anhelo ardiente de la creación es el aguardar la manifestación de los hijos de Dios. [20]La creación fue sujetada a vanidad, no por su propia voluntad, sino por causa del que la sujetó en esperanza. [21]Por tanto, también la creación misma será libertada de la esclavitud de corrupción a la libertad gloriosa de los hijos de Dios. [22]Sabemos que toda la creación gime a una, y a una está con dolores de parto

hasta ahora. ²³Y no solo ella, sino que también nosotros mismos, que tenemos las primicias del Espíritu, nosotros también gemimos dentro de nosotros mismos, esperando la adopción, la redención de nuestro cuerpo, ²⁴porque en esperanza fuimos salvos; pero la esperanza que se ve, no es esperanza; ya que lo que alguno ve, ¿para qué esperarlo? ²⁵Pero si esperamos lo que no vemos, con paciencia lo aguardamos.

Marcos 16.16 está construido siguiendo la forma poética del paralelismo antitético. El texto contrasta al creyente con el no-creyente, afirmando que el primero alcanzará salvación mientras el segundo será condenado. Debemos notar que Marcos une la confesión de fe y el bautismo, puesto que la práctica de examinar a los creyentes antes de bautizarse es antiquísima.

En Marcos 16.17-18 encontramos una lista de las señales que seguirán a los creyentes, esto es, a los que se movilicen para llevar a cabo la misión. Las señales tienen paralelos en los Hechos de los Apóstoles: expulsión de demonios (16.16-18), milagro de las lenguas (2.1-11), milagro de las serpientes (28.3-6), curaciones de enfermos (3.1-10; 9.31-35; 14.8-10; 28.8-9).[94] La única excepción es el sobrevivir después de tomar un veneno, milagro que relata Eusebio de Cesarea en su Historia de la iglesia (III 39.9).[95]

Con tristeza, debemos reconocer que el énfasis desmedido en las «señales» ha conducido a algunos creyentes a doctrinas de error. Por ejemplo, hay exorcistas que coquetean con la brujería y hay grupos cristianos en el sur de los Estados Unidos que toman en sus manos serpientes venenosas durante el culto. Estos son errores que debemos evitar. Sin embargo, en este

---

[94] Gnilka, 414.
[95] Eduard Schweizer, *The Good News According to Mark* (Louisville: John Knox Press, 1970), 378. Eusebio de Cesarea, *Historia de la Iglesia*, traducido y comentado por Paul L. Maier (Grand Rapids, MI: Editorial Portavoz, 1999), 127. El texto lee de la siguiente manera: «y otro milagro implicó a Justo, de sobrenombre Barsabás, que bebió veneno pero que por la gracia de Dios no sufrió mal alguno».

pasaje el Cristo resucitado promete que su milagrosa presencia acompañará a quienes se entreguen a la empresa misionera. Jesús recompensará la fidelidad de sus discípulos de forma concreta.[96]

El pasaje termina con un último contraste. Mientras el Cristo Resucitado asciende a los cielos, siendo exaltado por Dios (v. 19); los discípulos salen al mundo, a predicar el mensaje del evangelio, con la ayuda del Señor, confirmada por medio de las señales milagrosas (v. 20). Queda claro, pues, que el mundo es nuestro campo de misión.

IV. Nuestra tarea misionera

En este punto, deseo recalcar las implicaciones de este pasaje para la tarea misionera de la Iglesia hoy. En particular, deseo tocar tres puntos pertinentes: la importancia de la movilización, la universalidad de la misión, y el desafío de la incredulidad.

A. La movilización

Como indicamos anteriormente, Marcos 16.15 compara la acción de «ir» con la de «predicar el evangelio». El texto afirma que «ir» y «predicar» son una y la misma cosa.

Esto me hace recordar al Dr. Orlando E. Costas, quien dedicó todo un capítulo de su libro «Compromiso y misión» a hablar de la movilización de la Iglesia.[97] Costas afirma allí que, para cumplir con la misión que Dios le ha encomendado, la Iglesia necesita estar en movimiento. Una congregación sentada, escondida, y paralizada no cumple su misión, no evangeliza, y no crece.

En nuestros días hemos visto una verdadera explosión en el estudio de los métodos de evangelización. Aquellos que

---

[96] Lamar Williamson, Jr., *Mark* (Atlanta: John Knox Press, 1983), 288.
[97] Orlando E. Costas, *Compromiso y Misión* (Miami: Editorial Caribe, 1978).

llevamos varios años en el ministerio estudiamos tales como *Evangelismo Explosivo,* de Kennedy; las *Unidades Paralelas,* del Igle-crecimiento; y las células, de Paul Yongui Cho. Hoy dominan los métodos de que utilizan técnicas de mercadeo, tales como la *Marketing the Church,*[98] de Barna; la *Iglesia con propósito,*[99] de Warren; y *Growing Spiritual Redwoods,*[100] de Easum y Bandy. Después de tanto estudio, me convenzo cada vez más de que Orlando Costas tenía razón cuando afirmaba que lo importante es que la Iglesia se movilice. El método que usemos para ponerla en marcha es secundario.

Por lo tanto, afirmamos que Marcos 16.15 llama a la Iglesia contemporánea a movilizarse para cumplir la misión que Dios le ha encomendado.

B. Universalidad

Como también indicamos anteriormente, Marcos 16.15 afirma la universalidad de la misión. La Iglesia misionera debe predicar por todo el mundo y a toda la creación.

Podemos afirmar que este alcance universal del mensaje de salvación responde a una teología particular sobre el amor de Dios. Marcos 16.15 entiende que Dios ama a todas las personas, tanto a las que forman parte integral de la sociedad como a las marginadas. Sí, Dios también ama a la persona pobre, viuda, desamparada, extranjera, e indocumentada. Este entendimiento del amor de Dios conduce a una teología de la evangelización que es, sencillamente, radical: Dios quiere salvar a toda la humanidad, por medio de la cruz de Jesús, sin tomar

---

[98] George Barna, *Marketing the Church: What they Never Told You about Church Growth* (Colorado Springs: Navpress, 1988).

[99] Rick Warren, *Una Iglesia con propósito: Cómo crecer sin comprometer el mensaje y la misión* (Miami: Editorial Vida, 1995).

[100] William M. Easum & Thomas G. Bandy, *Growing Spiritual Redwoods* (Nashville: Abingdon Press, 1997).

en cuenta quiénes son. Dios quiere salvar tanto a judíos, como a gentiles; a ricos como a pobres.[101]

Este es un mensaje muy importante para la comunidad hispana, en general, y para el pueblo méxico-americano, en particular. Por años, la comunidad hispana ha sido sistemáticamente discriminada en los Estados Unidos de América. Aun aquellos que hemos nacido y nos hemos criado en el país, somos víctimas constantes de un sistema que nos trata como si fuéramos extranjeros, recién llegados.

El protestantismo tradicional estadounidense ha participado en este proceso discriminatorio. Al principio, sencillamente nos ignoraba. Después, comenzó a ver el trabajo con personas hispanas como un puente necesario para llevar a segundas y terceras generaciones hispanas a formar parte de congregaciones anglo. Cuando nuestro crecimiento nos llevó a ponernos los pantalones largos, reclamando nuestro lugar a la mesa, nos tildaron de separatistas que deseaban romper el cuerpo de Cristo.

Hoy el movimiento protestante en los Estados Unidos se encuentra en una encrucijada. Mientras las congregaciones anglo declinan rápida y consistentemente, las congregaciones hispanas crecen y se multiplican. Esto ha llevado a varios líderes protestantes, algunos por convicción y otros por deseo de sobrevivir, a comprender que el ministerio a las comunidades latinas juega un papel clave en el futuro del movimiento protestante en Norteamérica.

¡Cuán diferente fuera nuestra situación si hubiéramos tomado en serio el llamado a predicar el Evangelio a toda persona, de toda cultura, en el nombre del Señor Jesucristo!

---

[101] Guillermo Cook y Ricardo Foulkes, *Marcos*, en la serie *Comentario Bíblico Hispanoamericano* (Miami: Editorial Caribe, 1990), 369.

C. Fe y crisis de fe

En tercer y último lugar, deseo llamar su atención al tema central de nuestro escrito: el desafío de la incredulidad. Al igual que los discípulos de Jesús, nosotros vivimos hoy entre la fe y la incredulidad.

Todo creyente, no importa la solidez de sus convicciones, experimenta crisis de fe en algún punto de la vida.

Todo creyente, no importa su capacidad intelectual, pasa por momentos donde no comprende puntos importantes de las grandes doctrinas de la fe. cómo, o por qué Dios permite

Todo creyente, no importa la profundidad de su experiencia cristiana, le pregunta a Dios «por qué» permite que tal o cual cosa suceda en su vida o en su mundo.

Nadie está exento de caer en una profunda crisis de fe. Nadie.

Esto nos enseña tres puntos importantes sobre la dinámica de la fe. Primero, que la vacilación entre la fe y la incredulidad siempre ha sido parte de la vida de la Iglesia. Aún aquellos que vieron a Jesús y caminaron a su lado, pasaron por momentos de crisis de fe. Segundo, que no importa cuán imperfecta sea nuestra fe ni cuantas veces hayamos guardado silencio en vez de testificar del evangelio, siempre podemos volver al Señor. Nadie puede alejarse tanto de Jesús que no pueda ser tocado por la presencia sanadora de Dios.[102] Finalmente, que el milagro de la resurrección no es lo que vence la incredulidad humana. Sólo podemos derrotar la incredulidad por medio de la obediencia.[103] Sí, sólo podemos derrotar la incredulidad por medio de la obediencia al mandato misionero de Jesucristo, quien nos ha enviado a ir por todo el mundo y a predicar el mensaje del evangelio a toda criatura.

---

[102] Pheme Perkins, «The Gospel of Mark: Introduction, Commentary, and Reflections», en *The New Interpreters Bible*, Vol. VIII, edited by Leander E. Keck, et. al. (Nashville: Abingdon Press, 1995), 733.

[103] Schweizer, *Mark,* 377

LA GRAN COMISIÓN

5

MARTA Y MARÍA DE BETANIA

Modelos de discipulado cristiano (Lucas 10.38-42)

Los evangelios nos dejan saber muy poco de la vida íntima de Jesús. Como su foco es el ministerio de Jesús, apenas hablan de sus amistades y de las personas que llevaba cerca del corazón. Sí, sabemos que Jesús llamó a un grupo de hombres para ser sus «discípulos» o estudiantes (véase Lc. 6.12-16 y sus paralelos). El evangelio de Lucas también nos informa de un grupo de mujeres que acompañaban a Jesús y a los doce apóstoles (Lc. 8.1-3). Las «discípulas» eran María de Magdala; Juana, la esposa Chuza el mayordomo de Herodes Antipas; Susana y «otras muchas que le servían de sus bienes» (Lc. 8.3c). Al parecer, estas mujeres tenían los recursos financieros para apoyar económicamente el ministerio de Jesús. Sí, conocemos a los discípulos y a las discípulas de Jesús. Sin embargo, conocemos poco acerca de sus amistades.

Podríamos decir que Jesús tuvo una relación muy particular con la familia formada por Marta, María y Lázaro de Betania. Estos personajes se mencionan varias veces en los evangelios de Lucas y de Juan. Lázaro aparece sólo en el evangelio de Juan, donde es resucitado de los muertos (cap. 11). Marta y María también aparecen en el evangelio de Juan, llorando ante la tumba de su hermano e intercediendo por él ante Jesús (cap. 11). Ambas le reprochan a Jesús su tardanza en llegar a sanar a Lázaro (Jn. 11.21 y 32). Sanado su hermano, celebran un banquete en honor a Jesús. Juan afirma que María servía la comida en las mesas (Jn. 12.2) mientras María ungía con perfume muy caro los pies de Jesús (Jn. 12.3).

Por su parte, Lucas sólo menciona a la pareja de hermanas de Betania en los versículos 38 al 42 del capítulo diez. Interesantemente, la descripción que hace Lucas de Marta y María es muy parecida a la de Juan. Marta aparece sirviendo las mesas y María aparece sentada a los pies de Jesús. De hecho, aunque la traducción al español de este texto no lo demuestra, ambos evangelistas usan la misma palabra para describir los quehaceres domésticos de Marta. El vocablo es «diakonía» (Lc. 10.40 y Jn. 12.2), una palabra que originalmente significaba "servir las mesas" y que en la Iglesia Cristiana adoptó para describir el servicio cristiano. Esta es la raíz de las palabras españolas «diácono» y «diaconisa». En los documentos más tardíos del Nuevo Testamento, se usa hasta para designar un tipo de ministerio pastoral (véase 1 Ti. 3.8-13).

Este detalle nos lleva a preguntarnos cuál es la enseñanza de Lucas 10.38-42. ¿Acaso este texto es una prohibición del ministerio femenino?[104] ¿Es la intención de Jesús impedir que las mujeres ejerzan el diaconado?[105] ¿Cuál es la enseñanza de este pasaje bíblico para la comunidad cristiana hoy?

---

[104] Esta es la posición de Barbara E. Reid en *Choosing the Better Part? Women in the Gospel of Luke* (Collegeville, MN: Michael Glazer Books, The Liturgical Press, 1996), 149-158, passim. Aunque ella reconoce que el texto afirma el derecho de las mujeres a estudiar teología, entiende que el pasaje censura la «diakonía» de Marta. Reid entiende que el propósito de este texto es censurar a las mujeres que dirigían congregaciones cristianas en sus casas.

[105] Elizabeth Schüssler Fiorenza expresa esta posición en *But She Said: Feminist Practices of Biblical Interpretation* (Boston: Beacon Press, 1992), 60-63, passim.

LA GRAN COMISIÓN

I. El texto en su contexto

Una de las reglas básicas de la interpretación bíblica es que debemos prestar atención al contexto en el cual se desarrolla un texto bíblico. Al hablar de «contexto» nos referimos principalmente a dos realidades. Por un lado, nos referimos al contexto o situación histórica que imperaba en el tiempo en el cual se escribió el documento que deseamos estudiar. Por otro lado, nos referimos al contexto literario, a la posición de una porción bíblica en el documento que la contiene.

Consideremos, en primer lugar, el contexto histórico de esta historia. La misma describe una relación entre un hombre soltero y dos mujeres en la Palestina del primer siglo. Desde el punto de vista histórico, la historia es sumamente extraña. En el mundo antiguo los hombres apenas establecían amistad alguna con mujeres que no formaban parte de su familia inmediata. Las relaciones más estrechas que establecía un hombre eran con su madre y con sus hermanas. Después seguía la relación con su esposa, la cual era escogida por sus padres (sobre todo si el «novio» era un joven adolescente). Fuera de esto, los hombres no hablaban con mujeres en la calle, en las plazas ni en las sinagogas. Si hablar con mujeres en público era considerado extraño, visitar mujeres solas era sencillamente escandaloso.

En este caso, el texto nos permite inferir ciertos detalles importantes. Primero, Marta se menciona primero (v. 38), lo que sugiere que era la hermana mayor. Segundo, Marta era la dueña de la casa (v. 38).[106] Esto sugiere que Marta era una mujer viuda que había heredado la casa de su difunto esposo. Por lo tanto, Marta también debía ser una mujer de ciertos recursos económicos. Tercero, María debía ser una mujer soltera, ya que vivía con su hermana (v. 39, compare con Jn. 11.1). Cuarto,

---

[106] Bruce J. Malina y Richard L. Rohrbaugh comentan en su *Social-Science Commentary on the Synoptic Gospels*, 348, que la frase «en la casa de ella» es extraña, entendiendo que Lázaro formaba parte de esta familia. Nuestra interpretación explicaría satisfactoriamente este punto.

María debía ser sumamente joven, ya que las mujeres en el mundo antiguo se casaban—a más tardar—entre los doce y los catorce años.[107] Quinto, Marta mantiene una actitud maternal hacia su hermana, encargándose de los quehaceres del hogar y de brindar hospitalidad a los extraños.

Debemos recordar que en los tiempos de Jesús las niñas no recibían instrucción formal; sólo los niños eran aceptados como estudiantes en las sinagogas. Por esta razón, la mayor parte de las mujeres en la antigüedad eran analfabetas. En la sociedad grecorromana, sólo las mujeres de clase alta y las «cortesanas» aprendían a leer y a escribir. Las primeras para ocuparse de asuntos de estado, las segundas para leer historias y divertir a sus clientes. En el judaísmo, la participación de la mujer en el culto estaba restringida. Las mujeres no podían ejercer el ministerio sacerdotal y no podían entrar a las zonas más importantes de templo. Hasta en las sinagogas eran obligadas a ver el servicio de adoración desde la parte trasera, detrás de una verja de madera. Aunque se ha encontrado evidencia de que en ciertos círculos esenios y fariseos las mujeres gozaban de mayor participación,[108] la exclusión era la regla general. Basta recordar que el ritual más importante del judaísmo es la circuncisión, un procedimiento exclusivo para hombres.

Leamos, pues, la historia otra vez tomando en cuenta estos detalles históricos. Jesús, un predicador itinerante, llega a la aldea donde vive Marta. Ésta le ofrece hospitalidad, invitándolo a comer (y probablemente a hospedarse) en su casa. La manera como el texto presenta este punto es sorprendente, dado que se presenta a Marta como la que recibe al visitante. Como explicamos anteriormente, esta tarea le correspondía al dueño de la casa, que casi siempre era un varón.[109] Mientras Marta prepara los alimentos, María se queda

---

[107] Para una extensa discusión sobre este punto véase a Joachim Jeremías, *Jerusalén en los tiempos de Jesús* (Madrid: Ediciones Cristiandad, 1980), 317-387, passim.
[108] Reid, 153, explica este punto en detalle.
[109] Elsa Tamez, *Jesus and Courageous Women,* Study Guide by Sallie M. Cuffee

escuchando a Jesús. Con toda probabilidad, los alimentos se cocinaban fuera de la casa, en una hoguera o en un pequeño horno de piedra. Marta está fuera de la casa, María está adentro con Jesús. Al entrar, Marta ve a su hermanita sentada a los pies del invitado. De acuerdo con las tradiciones de la época, la posición de María era escandalosa. Por un lado, en la cultura judía los hombres que estudiaban la ley se sentaban a los pies de sus maestros para escuchar sus conferencias. En este sentido, al sentarse a escuchar a Jesús como si fuera un discípulo,[110] María estaba actuando como si fuera un varón.[111] Por otro lado, la mujer que se sentaba a los pies de un hombre lo hacía en actitud de sumisión, como una esclava o como una mujer dispuesta a ser tomada sexualmente. Basta recordar el capítulo tres de la historia de Rut, relato donde la joven viuda se acuesta a los pies de Booz y le dice: «Yo soy Rut tu sierva; extiende el borde de tu capa sobre tu sierva, por cuanto eres pariente cercano» (Rut 3.9b). Por lo tanto, la reacción de Marta no debe extrañarnos. Ésta se escandaliza al ver a su hermana en una pose que no le corresponde a una mujer a quien las costumbres de la época no le permitían estudiar la palabra de Dios ni seducir a un hombre soltero. Desde cualquier óptica, la conducta de María era escandalosa.

Marta no regaña a María, sino a Jesús. Él es el varón que, por definición, ocupaba una posición de mayor poder social que María. Él es el maestro de la ley, que debe impedir que María adopte la posición de un discípulo. Él es el líder religioso que debe rechazar los avances sexuales de una joven impetuosa. Sin embargo, el regaño de Marta no es violento. Para no faltarle el respeto, la dueña de la casa[112] le da una salida

---

(New York: General Board of Global Ministries of the United Methodist Church, 2001), 25.

[110] Charles H. Talbert, *Reading Luke: A Literary and Theological Commentary on the Third Gospel* (New York: Crossroad, 1984), 125.

[111] Malina y Rohrbaugh, 25. Véase también a Ranjini Rebera, «Polarity or Partnership? Retelling the Story of Martha and Mary from Asian Perspective» *Semeia* 78 (1997), 100.

[112] Rebera, 99, recalca que Marta está actuando como jefa de familia.

honrosa: «Dile, pues, que me ayude» (v. 40b). Es como si Marta le hubiera dicho «pon a esta atrevida en su lugar, enviándola a la cocina».

A quienes han leído el evangelio con detalle no debe sorprenderle que Jesús rompa—otra vez—con las costumbres de la época.[113] Jesús se niega a terminar su charla teológica con María. ¡Todo lo contrario! Jesús afirma el derecho de María a ocupar su lugar como estudiante de la doctrina cristiana. El Maestro Galileo le responde a Marta con un reproche.[114] En los tiempos del Nuevo Testamento, el repetir el nombre de una persona dos veces implicaba un regaño o un reproche. Jesús le dice: «Marta, Marta, afanada y turbada estás con muchas cosas. Pero sólo una cosa es necesaria; y María ha escogido la buena parte, la cual no le será quitada» (vv. 41b-42).[115]

Las palabras griegas traducidas como «afanada y turbada» también pueden ser traducidas como «ansiosa y enojada». La frase «muchas cosas» es la traducción de una sola palabra griega. Es decir, Marta está preocupada por «mucho» cuando solo «uno» es necesario. En este sentido, Jesús le está diciendo a su anfitriona que en la vida hay un elemento de valor supremo por el cual uno debe sacrificarlo todo, aunque esto implique romper con las costumbres de la época y exponerse a la crítica social.

¿Cuál es ese «uno», ese elemento por el cual debemos sacrificarlo todo? El texto no lo dice directamente. Sin

---

[113] Foulkes, Irene W. «Jesús y la mujer: Estudio de una situación» en *Pastoral de la Mujer*, editado por Irene W. Foulkes y Elsa Tamez (San José: Editorial Sebila, 1982), 11.

[114] Reid., 158; y Tamez, 28. Sin embargo, Foulkes, 13-14, ve la repetición del nombre como una expresión de cariño.

[115] Es evidente que la Iglesia Primitiva tuvo problemas para comprender las palabras de Jesús. Los manuscritos antiguos ofrecen varias lecturas alternas, tales como «pocas cosas son necesarias» o «pocas o una cosa es necesaria», etc. Para una discusión completa véase a Howard I. Marshall, *The Gospel of Luke* (Grand Rapids, MI: William B. W. Eerdmands Publishing Co., 1978), 452-453. Para aún más información sobre estas variantes textuales, véase a Bruce M. Metzger, *A Textual Commentary on the Greek New Testament* (New York: United Bible Societies, 1975), 153-154.

embargo, me atrevo a sugerir que interpretemos las palabras de Jesús a la luz del texto que hasta el sol de hoy los judíos piadosos repiten diariamente como parte de sus oraciones: «Oye, Israel: Jehová nuestro Dios, Jehová *uno* es. Y amarás a Jehová tu Dios de todo tu corazón, y de toda tu alma, y con todas tus fuerzas» (Dt. 6.4-5).[116] Estos versículos del capítulo seis del libro del Deuteronomio se conocen como el «shemá», ya que ese verbo hebreo—que significa «escuchar»—es la primera del versículo.

Propongo, pues que el significado del pasaje que narra la visita de Jesús a la casa de Marta y de María de Betania afirma el discipulado y el ministerio de la mujer cristiana. Este texto nos enseña que Jesús afirmó el derecho de las mujeres a estudiar la palabra de Dios. Este texto nos enseña que las mujeres pueden ser «discípulas» de Jesús. Este texto nos enseña que el estudio profundo de la palabra de Dios y el desarrollo en la fe que dicho estudio provoca son «la mejor parte» que nadie puede quitarnos.

Antes de terminar esta parte, debo tocar un punto que hasta ahora se ha quedado en el tintero: el contexto literario de nuestro pasaje.[117] Al principio de nuestro estudio afirmamos que es necesario tomar en cuenta la posición de un pasaje bíblico en el escrito que lo contiene. En este caso, debemos preguntar cuál es la historia que precede al relato de la visita de Jesús al hogar de Marta. Lucas 10.25 al 37 relata la historia del encuentro de Jesús con un intérprete de la ley.[118] Este hombre le pregunta a Jesús qué debe hacer para heredar la vida eterna.

---

[116] J. Allan Culpepper «The Gospel of Luke: Introduction, Commentary, and Reflections» en *The New Interpreter's Bible*, vol. IX, editado por Leander Keck, at. al. (Nashville: Abingdon Press, 1995), 232. Véase, además, a Talbert, 125. Por su parte, Marshall, 450, opina que esta historia es una explicación del primer mandamiento.

[117] Este es un texto especial de Lucas, que no aparece en los otros evangelios. El mismo se encuentra en la sección que se conoce como «La gran inserción», ya que sólo contiene historias y enseñanzas cuya fuente es «Q» o el material especial de Lucas. Para una introducción a la historia de la redacción de Lucas, véase a Eduard Lohse, *Introducción al Nuevo Testamento* (Madrid: Ediciones Cristiandad, 1975).

[118] J. Allan Culpepper, 231, afirma la relación entre estas dos historias. Talbert, 126, también comparte esta opinión

¡Jesús le responde citando Deuteronomio 6.5 (Lc. 10.27)! Este detalle apoya nuestra sugerencia de leer la respuesta de Jesús a María a la luz del «shemá». El pasaje continúa diciendo que el intérprete de la ley desafió a Jesús, preguntándole quién era su prójimo. Jesús le respondió con la parábola del Buen Samaritano, un texto que nos enseña qué la misericordia—no el grupo étnico al cual uno pueda pertenecer—es lo que define quién es nuestro prójimo. Esta respuesta de Jesús fue sorpresiva y escandalosa en un ambiente social donde judíos y samaritanos se consideraban enemigos. Este detalle también apoya nuestra interpretación de Lucas 10.38-42. El judaísmo normativo de la época afirmaba que sólo un judío podía ser «prójimo» de otro judío. Jesús rompe ese esquema afirmando que un samaritano puede ser prójimo de un judío. El judaísmo normativo de la época también afirmaba que sólo los hombres podían ser estudiantes y maestros de la ley. Jesús rompe ese esquema afirmando que María de Betania había escogido «la mejor parte» al quedarse escuchando sus enseñanzas.

¿Quiere esto decir que mostrar hospitalidad, sirviendo la mesa para Jesús, es censurable? ¿Quiere esto decir que las mujeres no pueden ejercer ministerios en la iglesia? ¡De ninguna manera! El texto no restringe la participación de la mujer, sino que la afirma y la expand. La censura o el reproche que Jesús le dirige a Marta no es una ofensa sino una enseñanza. Marta no tiene que acomodarse a las expectativas sociales de la época. Marta no tiene que autolimitarse, pensando en las críticas que la sociedad puede dirigir en su contra. Marta, y con ella todas las mujeres, puede romper los esquemas sociales que limitan su compromiso con Dios.

II. El texto en nuestro contexto

Como indicamos al principio del escrito, el punto de partida de la interpretación bíblica es leer el texto su contexto. Ahora bien, el punto de llegada es leer el texto en nuestro contexto. Esto quiere decir, preguntar cuál es la enseñanza de este pasaje bíblico para nosotros hoy. Esto implica, además, tomar en cuenta la situación histórica, social y política de nuestro pueblo a la hora de leer y comprender la Palabra de Dios.

La historia de Marta y de María presenta muchos puntos de contacto con la situación social de la mujer hispana. Por ejemplo:

- Tanto la cultura judía antigua como la hispana moderna considera a la mujer como la principal encargada del bienestar de la familia y los quehaceres del hogar.
- En ambas culturas se restringe el acceso de la mujer al estudio especializado y a las profesiones que proveen los mejores salarios y, por lo tanto, mayor poder político y social.
- Ambas culturas restringen el acceso de la mujer al liderazgo religioso.

Entendemos que este texto sugiere tres temas particulares para la predicación y la enseñanza: la plena participación de la mujer en la vida de la iglesia, la perniciosa presencia del sexismo en la comunidad de fe y la internalización de la opresión.

Primero, queda claro que, por medio de este pasaje bíblico, Jesús afirma la plena participación de la mujer en la vida de la comunidad cristiana. Vemos como Jesús rompe con los esquemas de su tiempo y afirma el derecho de María—y el de las mujeres cristianas de todas las épocas—de sentarse a escuchar y a estudiar la palabra de Dios. Jesús afirma que la mujer tiene derecho a prepararse teológicamente para ejercer su liderazgo cristiano. Si María escuchaba las palabras de Jesús, era con el propósito de prepararse para compartir su mensaje por medio de la enseñanza y de la predicación. Por lo tanto, por medio de este texto Jesús afirma que tanto la mujer cristiana como el hombre cristiano deben tener igual acceso a las mismas posiciones de liderazgo, tanto al nivel laico como ordenado.

Segundo, el texto demuestra que el sexismo siempre ha estado presente en la vida de la iglesia. Este mal social encuentra sus raíces en la manera como el pueblo de Israel trataba a las mujeres en el tiempo del Antiguo Testamento. Sin embargo, el judaísmo rabínico aumentó la pesada carga de mujer con normas y regulaciones que la convertían en la guardiana del honor de la familia. De este modo, la mujer es por un lado idealizada y por otro es marginada. Es idealizada como la encarnación de la pureza, pero es maltratada como si fuera un inferior al hombre.

La iglesia cristiana comenzó como un movimiento revolucionario donde la mujer tenía gran libertad de acción. Pero pronto las sociedades antiguas encontraron dicha libertad escandalosa. Así la iglesia que comenzó teniendo pastoras, evangelistas y maestras terminó restringiendo severamente la participación de la mujer en su vida institucional.

Hoy día, las mujeres cristianas tienen mayores oportunidades de recibir adiestramiento teológico y de alcanzar posiciones de liderazgo en la vida de la iglesia. Esto es cierto particularmente para aquellas que pertenecen a comunidades cristianas protestantes y el pentecostales. Hasta algunos grupos católicos están luchando activamente por abrir más espacios de liderazgo para la mujer. Sin embargo, todavía hay comunidades cristianas que predican la inferioridad de la mujer por doctrina, restringiendo su participación. Estos grupos conservadores tienen que escuchar la voz de Jesús, que afirma la opción de María, indicando que quien opta por darle la prioridad a Dios está escogiendo «la mejor parte».

Tercero, el texto nos lleva a pensar en la forma como el racismo, el discrimen y la opresión se pueden internalizar en la mente y el corazón de la persona marginada. Nótese, pues, que quien censura a María es otra mujer; Marta, su propia hermana. Ella da voz a las convenciones sociales de la época. Ella censura a su hermana por romper con las reglas de la época y a Jesús por permitir que actuara con tal atrevimiento. De este modo, Marta representa a la persona marginada que ha internalizado el sexismo y la opresión. Irene de Foulkes dice que Marta les recuerda a las mujeres que han interiorizado un doble desprecio, el de su clase y el de su sexo.[119] En las comunidades hispanas de los Estados Unidos ese desprecio es triple, pues muchas personas latinas interiorizan el racismo que desprecia su origen étnico.

La mujer cristiana hispana no tiene necesariamente que restringir su servicio cristiano a la cocina y a las mesas. El hombre cristiano hispano no tiene necesariamente que restringir su servicio cristiano a servir mesas o a cortar el césped. Aunque honramos a las personas que tienen habilidad en estas áreas, debe quedar claro que las habilidades del pueblo hispano exceden los estereotipos tradicionales. Los creyentes de trasfondo hispano no debemos permitir que nadie restrinja nuestro desarrollo como líderes espirituales. Mucho menos debemos permitir que el racismo que hemos internalizado a través de años de opresión nos convenza de que no podemos o que no debemos ocupar posiciones de liderazgo en la vida de la iglesia.

Todo esto nos lleva a una palabra final sobre cómo podemos predicar este texto. Uno de los errores comunes que cometen las personas que predican sobre este texto es presentar a María como la representante de la contemplación y a Marta como la representante de la acción.[120] Esta perspectiva idealiza tanto a María como la joven sumisa y pasiva, mientras enaltece a Marta como la ama de casa laboriosa y hacendosa. Como hemos visto a través de nuestro análisis, ambas perspectivas están equivocadas.

El dualismo entre contemplación y acción bien puede afirmar el sexismo que impera en nuestra sociedad. Nuestra sociedad sugiere que la mujer ideal debe ser pasiva y sumisa, excluyéndola de las posiciones de liderazgo que requieren ser activo y hasta agresivo. Del mismo modo, este supuesto sirve para discriminar contra toda líder asertiva, que puede ser

---

[119] Foulkes, 14.
[120] Foulkes, 12.

catalogada como «poco femenina». Sobre esto, Irene de Foulkes dice:

> ...la creencia de que la mujer es «más espiritual» que el varón. Con eso se quiere decir que ella queda excluida del juego de poder, no cuenta en él ni debe preocuparse por otra cosa que lo que «su naturaleza» le dicta: resignación y sumisión, términos que resumen, para esta mentalidad, la esencia de la «espiritualidad». Cuando se lee el texto de Lucas 10 desde este punto de vista, calza perfectamente el estereotipo: a María se le da el papel de la piedad contemplativa, la mujer espiritual que renuncia aun a su actividad normal de ama de casa para alcanzar un quietismo superior: se sienta inmóvil a escuchar. De esta manera se logra que el texto haga eco de otro dualismo, lo activo y lo contemplativo, que se conecta en forma paralela con el primero: la acción va con las cosas materiales (y es menospreciada); la contemplación es expresión de lo espiritual (y es alabada).[121]

Debemos reconocer que muchas mujeres hispanas se identifican con Marta y que todos hemos escuchado más de un sermón en defensa de ella. En este punto, debemos reconocer que tanto en el evangelio de Juan como en el de Lucas, Marta se presenta como un modelo de hospitalidad y servicio cristiano. Marta es un buen modelo para la mujer cristiana que decide servir a Dios por medio de la hospitalidad a los demás.[122] Ahora bien, debemos tratar de evitar caer en el dualismo que, como demuestra Foulkes, sólo sirve para aumentar la opresión contra la mujer.

III. Conclusión

En resumen, afirmamos que tanto Marta como María son modelos positivos para la mujer cristiana hispana de hoy. Si

---

[121] Foulkes, 12-13.
[122] Rebera, 93.

bien Marta es un buen modelo de hospitalidad cristiana, María es un buen modelo de la discípula que se estudia la Palabra de Dios con el propósito de crecer en la fe y prepararse para compartir el mensaje del evangelio, en el nombre de nuestro Señor Jesucristo.

LA GRAN COMISIÓN

6

EN TORNO A LOS CAMINANTES A EMAÚS (LUCAS 24.13-35)

Introducción

La historia del encuentro entre el Cristo Resucitado y los caminantes a Emaús es uno de los relatos más hermosos que contiene el Nuevo Testamento. El creyente puede recrearse en esta historia, sabiendo que la misma nos asegura que el Señor Jesucristo, antes crucificado y ahora resucitado, camina a nuestro lado. En este sentido, el relato define lo que es la verdadera espiritualidad.

Del mismo modo, este relato contiene enseñanzas muy importantes sobre la misión cristiana. Habla de manera particular a las personas y a las congregaciones que han permitido que los afanes de la vida les quiten el entusiasmo misionero. Es hermoso saber que, cuando parece que la vida a acabado y el futuro ya no es más, el Señor Jesús viene a nuestro encuentro.

Lucas 24.13-35 también nos permite reflexionar sobre el propósito de la educación cristiana. Con la ayuda de este texto, comprenderemos que el propósito de la educación cristiana es conducirnos a un encuentro liberador con el Cristo de la fe.

I. Contexto

El relato de los caminantes a Emaús se encuentra en el capítulo final del evangelio según San Lucas. Lucas fue escrito cerca del año 90[123], durante un tiempo en que la Iglesia luchaba por establecer su legitimidad ante el Imperio romano. El Evangelio de Lucas se caracteriza por su preocupación por los pobres[124] y por su énfasis en la idea de que la invitación a aceptar el mensaje de salvación en Cristo se extiende a todas las naciones de la tierra.[125]

Por su fino estilo literario—comparado con los demás escritos del Nuevo Testamento—el consenso de los estudiosos es que Lucas fue escrito por cristianos de trasfondo helenístico; es decir, por griegos que se habían convertido del paganismo. En resumen, podemos afirmar que Lucas fue escrito cerca del año 90 en alguna comunidad del cristianismo helenístico.

Podemos dividir el Evangelio según San Lucas en siete secciones principales.[126] Estas son:

1.1-4	Prólogo
1.5-2.52	Relatos de la infancia
3.1-4.13	Comienzo de la actividad de Jesús
4.14-9.50	Actividad de Jesús en Galilea
9.51-19.27	El viaje a Jerusalén
19.28-21.38	Actividad de Jesús en Jerusalén
22.1-24.53	Pasión, resurrección y ascensión

---

[123] Eduard Lohse, *Introducción al Nuevo Testamento* (Madrid: Ediciones Cristiandad, 1975), 167.

[124] Sobre este tema, véase Walter E. Pilgrim, *Good news to the Poor: Wealth and Poverty in Luke-Acts* (Philadelphia: Augsburg Publishing House, 1981).

[125] Esta es la tesis que esboza Hans Conzelmann en *El Centro del tiempo: La teología de Lucas* (Madrid: Ediciones Fax, 1974).

[126] Conzelmann, 158-160.

El relato de Lucas continúe en el libro de los Hechos de los Apóstoles[127]. Estos libros componen los dos tomos de la obra del evangelista.

El texto que hoy nos ocupa se encuentra en la última sección del evangelio (22.1-24.53), la cual presenta el relato de la Pasión. Específicamente, el capítulo 24 narra la resurrección de nuestro Señor, algunas de sus apariciones después de resucitado y su ascensión en gloria. El pasaje de los caminantes a Emaús (24.13-35) se encuentra después del relato de la resurrección. Este contexto es importante pues en el verso 11 las mujeres ya habían anunciado la resurrección del Señor Jesús. Sin embargo, los discípulos no habían creído el informe de las mujeres, catalogando sus palabras como «locura».

II. Estructura literaria

El relato de los caminantes a Emaús tiene una estructura literaria particular. El pasaje está ordenado en forma concéntrica o quiástica. Es decir, lo que se dice al principio (vv. 13-16) encuentra su contraparte al final del relato (vv. 31-33). Quizás esto pueda verse más claramente en el siguiente diagrama[128]:

A	v. 13	Los discípulos se van de Jerusalén
B	v. 14	Los discípulos conversan
C	v. 15	Jesús aparece
D	v. 16	Los ojos de los discípulos son velados
D'	v. 31a	Los ojos de los discípulos son abiertos
C'	v. 31b	Jesús desaparece
B'	v. 32	Los discípulos conversan

---

[127] Willy Marxsen, *Introducción al Nuevo Testamento: Una iniciación a sus problemas* (Salamanca: Sígueme, 1983), 164.

[128] Xavier Léon Dufour, *Resurrection and the Message of Easter* (New York: Holt, Rinehart and Winston, 1974), 161-162.

A' v. 33   Los discípulos retornan a Jerusalén

Del mismo modo, la sección de la conversación entre Jesús y los discípulos (vv. 19-30) presenta varias correspondencias. Veamos el siguiente diagrama:

E   v. 17   Iniciativa de Jesús

- v. 18   «Acaso no sabes...»
- v. 19   Referencia a Jesús como profeta
- v. 20   Referencia a la muerte de Jesús
- v. 21   Referencia a la esperanza perdida

F   v. 22-23a   No le encontraron

*v. 23b   «Él vive»

F'   v. 24   No le vieron

- v. 25a   «Acaso no saben...»
- v. 25b   Referencia a los profetas
- v. 26   Referencia a la muerte de Jesús
- v. 27   Referencia a la esperanza profética

E'   v. 29   Iniciativa de Jesús

La frase que queda en el centro del relato—y que resume el mensaje del texto—es «Él vive» (v. 24b). Este pasaje presenta, pues, toda una serie de cambios[129] o inversiones muy interesantes. Por ejemplo, Jesús entra en la conversación para, supuestamente, conocer más acerca de lo que los discípulos iban hablando (v. 17). Sin embargo, termina enseñando a los discípulos (v. 27). Otro cambio importante en el texto es lo que ocurre cuando se sientan a la mesa: El visitante (v. 29) asume las responsabilidades del dueño de la casa y procede a «partir el pan» (v. 30). Finalmente, encontramos el cambio más radical del relato. Los Discípulos que salieron de Jerusalén sin fe y sin

---

[129] Para un análisis semiótico de este texto, vea el artículo de Antoine Delzant, «Les disciples D'Emmaüs». *Recherches de Sciences Religeuse* 73/2 (Abril-junio 1985).

esperanza (v. 13) vuelven llenos de entusiasmo a la ciudad esa misma noche (vv. 33-34).

Sobre la redacción del pasaje, podemos afirmar que el mismo es material especial de Lucas, pues la historia no parece en ningún otro evangelio.[130] Sin embargo, el último capítulo de Marcos incluye una referencia a la historia en los versículos 12 y 13: «Pero después apareció en otra forma a dos de ellos que iban de camino al campo. Ellos fueron y lo hicieron saber a los otros; y ni aun a ellos les creyeron». Como explicamos en el cuarto capítulo de este libro, la historia de la redacción de Marcos 16 es larga y difícil. Es muy posible, pues, que esta referencia sea una alusión tardía a la historia de Lucas. Aunque algunos comentaristas ven este corto pasaje como una tradición anterior a Lucas.[131]

IV. Comentario versículo por versículo

El relato comienza indicando que «dos de ellos» salieron de Jerusalén para dirigirse a una aldea llamada Emaús (v. 13). El pronombre «ellos» se refiere a los apóstoles y a los discípulos que habían escuchado el anuncio de la resurrección (v. 10) pero que se habían negado a creerlo (v. 12). Lucas 10.1 nos indica que, aparte de los Doce, Jesús tenía otros discípulos que viajaban con él. Queda claro, pues, que los caminantes pertenecen a este grupo más amplio. Por otro lado, el texto griego es lo suficientemente ambiguo para permitir que se identifique a los caminantes como dos hombres o como un hombre y una mujer. Por lo tanto, es posible que fuera una pareja compuesta por un hombre y una mujer que fueran hermanos o que estuvieran casados entre sí.

Los caminantes se dirigían a Emaús (v. 13). Las personas dedicadas al estudio de la geografía y de la arqueología bíblica

---

[130] I. Howard Marshall, *Commentary on Luke* (Grand Rapids, MI: William B. Eerdmans Publishing Company, 1978), 889.
[131] Joseph A. Fitzmyer, *The Gospel According to Luke (X-XXIV)* (Garden City, New York: Doubleday & Company, Inc., 1985), 1554-1555.

no han podido identificar la localización de esta aldea. Tampoco han podido identificarla con otra aldea de nombre parecido. El historiador Flavio Josefo habla de una colonia militar llamada «Ammaous» en su libro La Guerra de los Judíos (7.217). Sin embargo, esta se encontraba a 6 km al oeste de Jerusalén. Por lo tanto, la distancia no corresponde, a menos que la longitud descrita por Lucas fuera la distancia total recorrida entre ida y vuelta. Ya en la Edad Media, los cruzados encontraron un fuerte denominado «Castellum Emmaus» en una aldea llamada El-qubeibeh. Desgraciadamente, este nombre no puede rastrearse hasta el siglo I.[132] En resumen, no se sabe a ciencia cierta la localización de esta aldea.

De acuerdo con Lucas, la aldea de Emaús se encontraba a sesenta «estadios» de Jerusalén (v. 13). Un «estadio» equivale a 607 pies o a 185 metros. Por lo tanto, esta medida equivale aproximadamente a 6.8 millas o 11.1 kilómetros.[133] Dado que una persona saludable puede caminar una milla en poco menos de media hora, podemos afirmar que el recorrido hasta la aldea tomaría entre tres o cuatro horas.

Los caminantes iban hablando de los acontecimientos recientes (v. 14), es decir, de la pasión, muerte y resurrección de Jesús. Mientras hablaban, Jesús se les acerca, caminando a su lado (v. 15). Sin embargo, los discípulos no le reconocen porque sus ojos «estaban velados» (v. 16). La palabra que se traduce aquí como «velados» es el verbo griego «kratéo». A su vez, este verbo viene del sustantivo «krátos» que significa fuerza o poder. La forma verbal, pues, significa forzar o tomar por la fuerza. Como en el resto del Nuevo Testamento, la voz pasiva es una forma respetuosa de hablar sobre la acción de Dios. Todo esto implica que el poder de Dios impedía que los caminantes reconocieran a Jesús.[134]

---

[132] Douglas, J. D., *Nuevo Diccionario Bíblico Certeza* (Buenos Aires: Ediciones Certeza, 1982).
[133] Fitzmyer, 1561.
[134] Marshall, 893.

Jesús interrumpe la conversación y les pregunta de qué hablan y por qué están tan tristes (v. 17). Literalmente, el adjetivo griego «skuthropoí» quiere decir «con rostro triste». Como es de esperar, los discípulos responden con violencia y con recelo (v. 18). Después de todo, ellos formaban parte de un grupo cuyo líder había sido asesinado por el gobierno colonial romano, acusado de sedición. Por lo tanto, ellos tenían motivos serios para evitar el contacto con extranjeros, que bien podían ser soldados vestidos de paisanos o personas que buscaban una recompensa por delatar miembros de una célula revolucionaria.

Cleofás, el único caminante identificado por su nombre, responde con cinismo, preguntándole al «forastero» si era el único extranjero que no se había enterado de los acontecimientos recientes (v. 18). El nombre «Cleofás» es una forma abreviada del nombre griego «Kleopatros», la forma masculina de Cleopatra.[135] Este es el único lugar donde se menciona a este personaje en todo el Nuevo Testamento.[136]

Jesús se hace el tonto, pidiéndole a Cleofás que le detalle lo ocurrido (v. 19a). Los caminantes responden con valentía, indicando que hablaban de Jesús de Nazaret, quien había sido un poderoso profeta ante Dios y ante la humanidad (v. 19b). Los valientes discípulos continúan su discurso, acusando a los «principales sacerdotes y nuestros gobernantes» de asesinar injustamente a Jesús (v. 20). En el v. 21 los caminantes indican que ellos «esperaban» que Jesús redimiera al pueblo judío. El verbo «redimir» implica la liberación de un estado opresivo, ya sea esclavitud, cautiverio o peligro.[137] En su origen, el término se remonta a las costumbres familiares y comerciales del antiguo Israel. Según el derecho familiar, el familiar más

---

[135] Fitzmyer, 1563.

[136] Aunque la versión Reina-Valera también traduce como «Cleofás» el nombre que aparece en Juan 19.25, la forma griega es distinta. El nombre griego en Lucas es «Kleopas» mientras que el que aparece en Juan es «Klopas».

[137] Xavier Léon-Dufour, *Diccionario del Nuevo Testamento* (Madrid: Ediciones Cristiandad, 1977), 377.

cercano tenía la obligación de rescatar tanto las posesiones como a las personas que estaban en peligro de muerte, esclavitud o cautiverio. Según el derecho comercial, un esclavo podía ser liberado o redimido mediante un rescate. En nuestro texto, redimir significa liberar al pueblo de Israel de la opresión política del Imperio Romano.

Sin embargo, el tono del v. 21 es gris. Los discípulos hablan de la redención como algo del pasado, como un sueño fallido. Su desesperanza llega al punto más alto cuando recuerdan que ya han pasado tres días de la muerte de Jesús (v. 21b). Según la costumbre judía de la época, se pensaba que el alma abandonaba el cuerpo después del cuarto día.[138] Por lo tanto, los discípulos piensan que ya no hay esperanza de vida.

La pareja de discípulos confiesa su falta de fe en los versículos 22 y 23. Allí aluden al testimonio de las mujeres sobre la resurrección de Jesús (vv. 8-10). Sin embargo, se quejan de que su testimonio no pudo ser corroborado por los hombres que fueron al sepulcro (v. 24). El misterio de la tumba vacía es, pues, anuncio de muerte para unos y símbolo de esperanza para otros.

El «extranjero» responde de manera inesperada a la arenga de los caminantes. Les increpa llamándoles «¡Insensatos y tardos de corazón para creer todo lo que los profetas han dicho!» (v. 25). Los epítetos que usa Jesús son muy fuertes. La palabra «insensato» es la traducción de «anóetos». Este adjetivo se deriva de la palabra «nous» que quiere decir «mente» y del verbo «noeo» que quiere decir razonar, pensar y entender. En griego, el prefijo «a» quiere decir «no» o «no tiene». Por lo tanto, la palabra «anóetos» quiere decir que no razona, que no piensa o que no tiene sensatez o entendimiento. Por su parte «tardos de corazón» también es una frase muy dura. El término griego «brados» quiere decir literalmente lento, pero se usaba en sentido figurado para describir a las personas que tenían

---

[138] Marshall, 895.

problemas de desarrollo o aprendizaje. Queda claro, pues, que Jesús trata a los caminantes con dureza.

La referencia a los profetas (v. 25), al igual que la referencia a las Escrituras en el v. 27, se refieren al Antiguo Testamento o a la Biblia Hebrea en general. El forastero afirma que los padecimientos de Jesús estaban profetizados de antemano (v. 26-27) y que, lejos de negar su identidad, confirman que él era el Mesías enviado por Dios para salvar tanto al pueblo de Israel como a toda la humanidad. Nótese que el recurso que emplea Jesús para demostrar la veracidad de la resurrección es la exposición de las Escrituras. Jesús, quien hubiera podido resolver el asunto con una aparición milagrosa, decide tomar el tiempo necesario para presentarle un estudio bíblico exhaustivo a la pareja de caminantes. El texto, pues, recalca la importancia del estudio bíblico y de la predicación bíblica en la evangelización. Del mismo modo, el texto afirma que el Señor Resucitado es quien nos autoriza a interpretar el Antiguo Testamento en clave cristológica.[139]

El forastero estaba hablando todavía cuando los caminantes llegaron a su destino (v. 28a). Jesús fingió que debía seguir de largo (v. 28b), pero los caminantes insistieron en que pasara la noche en su casa (v. 29a). Podemos ver la acción de seguir de largo como una manera de negarse a aceptar la invitación. En aquella época, los patrones de honor y vergüenza requerían que la persona invitada a compartir la mesa rehusara la invitación varias veces.[140] Por su parte, el anfitrión o la anfitriona tenía que repetir la invitación varias veces para convencer a la persona invitada que en verdad deseaba que se quedara a comer. Nótese que la pareja de discípulos justifica su petición indicando que era muy tarde y, por lo tanto, que caminar en medio de la oscuridad era peligroso (v. 29b). El predicador o la predicadora deberá contrastar las palabras de los caminantes en este versículo con las acciones que toman en el v. 33.

---

[139] R. Alan Culpepper, 479.
[140] Bruce J. Malina y Richard L. Rohrbaugh, 411.

El extraño acepta pasar la noche en casa de los discípulos (v. 29c). Acto seguido, el trío se sienta a la mesa para «partir el pan» (v. 30, compare con el v. 35). Sin embargo, el forastero es quien toma el rol de jefe de familia, repartiendo el pan.[141] Esta es una clara alusión a la Cena del Señor, la Eucaristía o la Santa Comunión. Debemos notar que el orden de «tomar, bendecir, partir y dar el pan» es litúrgico. Como puede verse al comparar el texto con Lucas 22.19, estos son los mismos verbos que se usan para describir la manera como Jesús ofició la primera Cena del Señor. Además, este es un orden similar al de Lucas 9.16, donde Jesús bendice, parte y reparte pan y pescado a más de 5,000 personas hambrientas.

Debemos notar que la idea de cenar con ángeles o con seres divinos aparece varias veces a lo largo de la Biblia. Desde Génesis 18, donde Dios visita a Abraham, hasta Apocalipsis 3.20, donde el Cristo Resucitado espera que le invitemos a nuestra mesa, este es un tema recurrente en las Sagradas Escrituras.

Los ojos de los discípulos quedan abiertos después que Jesús parte el pan (v. 31a). En un nivel, es fácil comprender que le reconocieran, pues esta es la tercera vez que Jesús partía del pan de la misma manera. Pero en otro nivel, el hecho de que le reconocieran en este punto tiene gran valor teológico. El texto implica que el Cristo Resucitado se revela a la humanidad cuando la comunidad cristiana se reúne para «partir el pan». El pasaje afirma que la «presencia real» de Jesús se manifiesta cuando la iglesia se reúne para tomar la Cena del Señor, la Eucaristía o la Santa Comunión.

Tan pronto los caminantes recuperan la capacidad de ver a Jesús, éste desaparece de su vista (v. 31b). Sin embargo, permanecen llenos del entusiasmo y el aliento que el «forastero» les dejó. En el v. 32 encontramos una de las expresiones más hermosas de las Sagradas Escrituras: «¿No ardía nuestro corazón en nosotros, mientras nos hablaba en el

---

[141] Fitzmyer, 1568.

camino y cuando nos abría las Escrituras?» La metáfora del «corazón ardiente» ha sido una constante en la historia de la cristiandad. Ha servido de inspiración y de aliento a millares de creyentes, que también han experimentado su corazón «arder» ante la misteriosa presencia de Jesús.

Los discípulos demuestran su renovado entusiasmo cuando deciden volver a Jerusalén «en esa misma hora» (v. 33). El aliento que recibieron por medio de su encuentro con el Cristo Resucitado les mueve a enfrentar los peligros de la noche y de la oscuridad—los mismos que usaron de excusa para pedirle a Jesús que se quedara con ellos en el v. 29. Van a Jerusalén para encontrarse con los «once» y a sus acompañantes (v. 33). Esta es una referencia al grupo de los doce apóstoles, que quedó reducido a once después de la muerte de Judas.

Al llegar a Jerusalén, la comunidad de discípulos que quedaba en Jerusalén anuncia: «Ha resucitado el Señor verdaderamente, y ha aparecido a Simón» (v. 34). Nótese que Simón Pedro no se menciona en ningún otro punto de la historia. Tampoco se menciona una aparición del Resucitado a Pedro en el resto del evangelio. Tenemos que ir a I Corintios 15.55 para encontrar tal referencia. Esto nos lleva a pensar que la declaración de los discípulos se refiere más bien al testimonio de las mujeres que a la experiencia que vivieron en su viaje de regreso a su casa. Entendemos que al decir «Ha resucitado el Señor verdaderamente, y ha aparecido a Simón» los discípulos estaban aceptando el mensaje que las mujeres venidas del sepulcro habían anunciado en Lucas 24.8-10. Esta es otra de las inversiones de la historia.

El v. 35 resume la historia, dejando claro que el evento clave de esta es la forma como los caminantes reconocieron a Jesús «al partir el pan». La frase «partir el pan» es un término técnico[142] que aparecerá varias veces en la segunda parte del

---

[142] Culpepper, 481.

evangelio, el libro de los Hechos de los Apóstoles (véase Hch 2.42; 20.7, 11; y 27.35).

V. Un mensaje para hoy

Como indicamos al principio, la característica principal de este texto es la cantidad de inversiones que presenta el pasaje. Los discípulos que salen de Jerusalén derrotados, vuelven a la ciudad llenos de entusiasmo. Quienes tuvieron los ojos cerrados recobran la capacidad para discernir. Quienes pensaban que Jesús estaba muerto, comprenden que vive para siempre.

Por medio de su estructura literaria, este texto demuestra el poder del mensaje del evangelio. Sí, Dios tiene poder para cambiar la realidad opresiva que enfrentamos hoy por un futuro de esperanza. Sí, Dios tiene poder para cambiar nuestro «lamento en baile», como dice el Salmo 30.11. En este sentido, la primera tarea de la persona que interpreta la historia de los caminantes a Emaús es experimentar el poder de Dios en su vida, el mismo poder que hace que el corazón «arda» con pasión por el evangelio.

Si hablamos de esta manera, es porque el tema de la presencia del Cristo Resucitado es central en esta historia. Como indica el análisis literario, la frase «Él vive» está en el centro de toda la historia. El texto afirma que el antes Crucificado y ahora Resucitado camina con nosotros aun cuando no logramos verle. El texto afirma que su presencia se hace real aún en medio de nuestra incredulidad y de nuestra dureza de corazón. El texto ejemplifica la manera como su presencia se manifiesta cuando la comunidad cristiana se reúne para «partir el pan».

En cierto sentido, el tema central de este pasaje es la presencia del Cristo Resucitado en medio de la Iglesia. Específicamente, el texto intenta contestar las siguientes preguntas: ¿Qué pasará con las generaciones que no conocieron a Jesús de Nazaret? ¿Acaso puede una persona llegar a la fe sin haber caminado con Jesús? ¿Es posible tener una fe real sin haber visto al Galileo? Por medio de la historia de los caminantes a Emaús, Lucas contesta estas preguntas de manera afirmativa. Sí, las nuevas generaciones de personas cristianas podrán tener una fe verdadera porque «él vive» (v. 23b). El Cristo Resucitado está presente en medio de las nuevas comunidades cristianas. Su presencia posibilita la fe y la transformación de los nuevos conversos.

Por esta razón, esta historia es uno de los textos misioneros por excelencia en el Nuevo Testamento. Este relato nos enseña que la Iglesia puede tener éxito en la tarea misionera porque el primer misionero es Jesús. El Cristo Resucitado es quien camina al lado de las personas que están pasando por diversas crisis de fe. Jesús de Nazaret es quien alcanza a las personas que deciden abandonar la fe para «volver atrás». Esto quiere decir que el papel de la Iglesia en la evangelización no es primario, sino secundario. Cristo está activo en el mundo, alcanzando a la gente que necesita tener un encuentro transformador con Dios. La tarea principal de la Iglesia es, pues, discernir dónde Dios está actuando y a quién ha alcanzado. Nuestra tarea es «sembrar las semillas», pues Dios es quien da el crecimiento.

Lucas 24.13-35 también demuestra que el Cristo Resucitado se manifiesta en medio de la comunidad de fe de dos maneras específicas. [143] Primero, el estudio bíblico hace posible que experimentemos la presencia de aquel que fue Crucificado y ahora hoy vive a la diestra de Dios. Cuando escudriñamos las Sagradas Escrituras, Jesús de Nazaret camina a nuestro lado, dándonos aliento. Esto debe ayudarnos a evaluar la tarea educativa que llevan a cabo nuestras congregaciones. El propósito de la educación cristiana debe ser el propiciar un encuentro transformador con Dios, por medio de la persona y el ministerio de Jesucristo. El propósito de nuestros estudios

---

[143] Marshall, 900.

bíblicos y de nuestras escuelas bíblicas dominicales no debe ser meramente entretener a la niñez o informar a la gente. La meta de la educación cristiana debe ser la transformación del creyente. Buscamos levantar nuevas generaciones de discípulos y de discípulas de Jesús.

Segundo, la celebración del sacramento u ordenanza de la Cena del Señor hace posible que experimentemos la presencia del Galileo. Cuando la comunidad cristiana participa de la Cena, de la Santa Comunión o de la Eucaristía, Jesús de Nazaret está presidiendo la mesa. En este punto, estoy afirmando una de las doctrinas de mi denominación. La Iglesia Cristiana (Discípulos de Cristo) afirma y enseña que la Cena del Señor es el evento clave de la adoración cristiana. Creemos que el ministro no es quien preside la mesa del Señor, sino que es un invitado. Al igual que lo hizo en Emaús, el Cristo Resucitado se manifiesta en nuestros medios cuando vamos a la mesa. Jesucristo toma control de la mesa, ocupando el lugar del anfitrión. El pastor o la pastora, los ancianos y las ancianas, los diáconos y las diaconizas, y el resto de la congregación tomamos el lugar de las personas invitadas. Y cuando hacemos esto con verdadera fe, salimos del servicio de adoración con un corazón ardiente.

En resumen, la historia de los caminantes a Emaús nos invita a considerar el tema de la verdadera espiritualidad. La persona verdaderamente «espiritual» es aquella que se sabe acompañada por Dios en todos los momentos de la vida. La espiritualidad no depende, pues, de nuestros esfuerzos para acercarnos a Dios. No. La verdadera espiritualidad depende de Dios, quien se manifiesta en nuestros medios a pesar de nuestra insensatez, de nuestra indolencia y de nuestro pecado. La verdadera espiritualidad depende del Cristo Resucitado, quien nos da corazones ardientes de esperanza y de pasión.

7

EL ESPÍRITU ME ORDENÓ QUE FUERA
(HECHOS 10.1-11.18)

Introducción

Imaginemos lo que es vivir en un mundo controlado por una sola potencia económica y militar. Recientemente, dicho país ha derrotado al único grupo de naciones que podían desafiar su influencia; países localizados en el territorio donde Europa se une con el centro de Asia. Por lo tanto, todas las naciones occidentales quedan bajo la esfera de influencia de esta potencia mundial. El lenguaje y la cultura de este poderoso país se convierten en la «lengua franca»—el lenguaje común—de la política y las finanzas al nivel internacional.

Imaginemos que la fortaleza militar de esta potencia mundial—cuyo ejército funciona como la policía del mundo—trae un período de prosperidad y paz nunca antes visto. Una de las consecuencias del poder de este país es la «globalización» del mundo. Gente de distintos trasfondos étnicos y culturales se mudan a los grandes centros urbanos de esta potencia mundial. La multitud de lenguajes hablados por las comunidades de inmigrantes irritan a los ciudadanos del Imperio. Aunque el impulso multicultural promueve el comercio internacional, también crea tensiones étnicas. Cada comunidad étnica desarrolla sus propias estructuras sociales, desafiando así la estabilidad cultural del estado.

A pesar de los puntos de contacto, no estoy describiendo el ambiente cultural actual de los Estados Unidos de América. No. Estoy describiendo el ambiente cultural del Imperio Romano durante el primer siglo de la era cristiana.[144]

El movimiento cristiano nació en un tiempo de confusión cultural. Nació como una pequeña secta judía bajo la hegemonía cultural, económica, política y militar del Imperio Romano. En esta sociedad jerárquica, la interacción entre personas de diferentes trasfondos sociales era limitada y problemática. Aun así, en un tiempo relativamente corto la fe cristiana se convirtió en un movimiento religioso global que unía personas «de todas las naciones, tribus, pueblos y lenguas» (Ap. 7.9) conocidas por la humanidad de la época.

En esta ocasión, estudiaré un incidente clave en el proceso por medio del cual el Cristianismo pasó de ser una secta palestinense a una religión mundial. Este evento es la conversión de Cornelio y su casa (Hch 10.1--11.18), la primera comunidad no judeocristiana que fue aceptada como parte de la Iglesia Cristiana. Espero que esta importante historia bíblica nos enseñe a vivir en comunidad, aún en un tiempo de diversidad y lucha cultural.

I. Visiones paralelas

El comienzo del décimo capítulo del libro de los Hechos de los Apóstoles introduce un personaje nuevo en la historia bíblica: Cornelio (10.1.) Este hombre era un «Centurión», esto es, un líder de una «centuria» de soldados.[145] La historia nos

---

[144] Para un análisis de la hegemonía del Imperio Romano en el primer siglo, véase a Justo L. González, *For the Healing of the Nations* (Maryknoll, NY: Orbis Books, 1999).

[145] Wilton M. Nelson, editor, *Diccionario Ilustrado de la Biblia* (en lo adelante *DIB*, Miami: Editorial Caribe, 1974), 112-113.

enseña que las legiones romanas asignadas a la provincia de Siria eran mayormente «tropas auxiliares», compuestas por hombres italianos que todavía no habían alcanzado la ciudadanía romana. Aquellos soldados que alcanzaban el retiro después de una carrera militar—después de 20 años de servicio—recibían la deseada ciudadanía romana en recompensa por sus servicios. Los nuevos ciudadanos recibían tierra en una «colonia» romana, esto es, en una ciudad donde—a pesar de estar localizada fuera de la península italiana—solo podían vivir ciudadanos romanos.[146]

Al parecer, Cornelio era un militar retirado. El nombre «Cornelio» era común entre esclavos libertos, dado que en el año 82 a.C. el dictador romano Lucio Cornelio Sulla liberó diez mil esclavos que adoptaron su apellido.[147] Cornelio vive en una colonia romana llamada «Caesarea Marítima» o «del Mar», construida por Herodes el Grande en honor de Julio Cesar entre los años 22 al 9 a.C. Por lo regular, las tropas romanas estaban estacionadas en Siria. Sólo viajaban a Cesarea en ocasiones especiales, tales como las grandes fiestas judías. Sobre esta base, presentamos la hipótesis de que Cornelio era un soldado retirado.

Más importante aún, Cornelio era también un hombre «temeroso de Dios» (10.2).[148] Este es el término que emplea el Nuevo Testamento para designar a las personas no-judías que aceptaban los puntos básicos de la fe de Israel pero que no habían tomado los pasos necesarios para convertirse al judaísmo. Para convertirse al judaísmo, era necesario que la persona no-judía se circuncidara—si era varón—y se bautizara. El Nuevo Testamento llama «prosélitos» a los extranjeros que se convertían al judaísmo. El prosélito perdía su «status» de «extranjero» y pasaba a ser considerado como un judío con

---

[146] *DIB*, 121.

[147] Justo L. González, *Hechos* (Miami: Editorial Caribe, 1992), 172; y Ernst Haenchen, *The Acts of the Apostles: A Commentary* (Philadelphia: The Westminster Press, 1971), 346.

[148] *DIB*, 526-527.

plenos derechos. Como tal, debía seguir la ley de Moisés al igual que los judíos de nacimiento. Aquellas personas consideradas como «temerosas de Dios» podían participar de forma limitada en los servicios religiosos de la sinagoga y en las diversas actividades de la comunidad judía. A diferencia del «prosélito», el «temeroso de Dios» retenía su identidad étnica.

Al principio de la historia, Cornelio se encuentra orando cerca de las 3:00 PM (10.3a), una de las tres horas de oración tradicionales en el judaísmo del primer siglo.[149] El Centurión ve en visión a un ángel del cielo que le instruye que envíe a buscar a un hombre llamado Pedro, que se encontraba en la ciudad costera de Jope (10.3b-6.) Notemos que el ángel no explica quién es Pedro ni por qué debe venir ante Cornelio. La visión es parcial, fragmentaria e incompleta.

El nuevo episodio encuentra a Simón Pedro, el apóstol, exactamente en el lugar indicado en la visión celestial (9.43.) El pescador galileo está en Jope, una ciudad hoy llamada Yafo, en un suburbio de Tel Aviv. Debemos notar el valor simbólico de la ciudad, de cuyo puerto partió el profeta Jonás huyendo del llamado que Dios le hizo a predicar a los gentiles (Jon 1.3).[150] En este sentido, el marco escénico de la historia nos da la pista de su significado. Como Jonás, Pedro pronto será llamado por Dios a predicar a los pueblos no-judíos.

Aquí encontramos la Segunda visión de la historia (10.9-16), que es una paralela a la primera. Pedro se encuentra orando en el techo de la casa de Simón el Curtidor. Es cerca del mediodía, una hora poco usual para orar en el judaísmo de la época.[151] Pedro ve un objeto que baja del cielo. Es como un plato lleno de «en el cual había de todos los cuadrúpedos terrestres, reptiles y aves del cielo» (10.12). Hechos ofrece otra pista sobre el significado de la historia cuando indica que el objeto, lienzo

---

[149] I. Howard Marshall, *Acts* (Grand Rapids, MI: William B. W. Eerdmans Publishing Co, 1980), 184.
[150] González, 173.
[151] F.F. Bruce, *The Book of Acts* (Grand Rapids, MI: William B. W. Eerdmans Publishing Co, 1980), 217-218.

o plato—todas posibles traducciones—tiene cuatro esquinas. En la Biblia, el número cuatro representa al mundo en general, dado que es una referencia a los cuatro puntos cardinales (norte, sur, este y oeste). Este es el significado del número cuatro en Apocalipsis 4, donde los cuatro seres vivientes representan a todo el mundo y a toda la creación.

Una voz divina acompaña al objeto celestial. La voz le ordena a Pedro que mate y coma de los animales que se encuentran en el plato. Pedro, aunque reconoce que la voz viene de Dios, rehúsa obedecer. El Apóstol indica que nunca ha comido alimentos ritualmente impuros. Como el plato tenía toda clase de animales, contenía animales ritualmente impuros. Sin embargo, Pedro ni siquiera podía comer los alimentos puros, ya que—de acuerdo con la tradición judía—un rabino debía supervisar la matanza de animales y la producción de alimentos para determinar si eran ritualmente puros (en hebreo, «kosher»). La voz divina responde: «Lo que Dios limpió, no lo llames tú común» (10.15). Después de esta declaración solemne, el plato volvió a subir al cielo. Pedro vio la misma visión tres veces (10.16).

Pedro todavía estaba tratando de interpretar la visión cuando la delegación enviada por Cornelio llegó a casa de Simón.

Pedro todavía estaba tratando de interpretar la visión cuando el Espíritu Santo le ordenó que bajara del techo donde se encontraba al primer piso, donde tres hombres lo esperaban.

Pedro todavía estaba tratando de interpretar la visión cuando el Espíritu Santo le dijo: «Levántate, pues, desciende y no dudes de ir con ellos, porque yo los he enviado» (10.20b).

Tal como la primera visión, la visión de Pedro es parcial, fragmentada e incompleta. La visión de Pedro no hace sentido por sí misma. La visión sólo puede ser entendida cuando se correlaciona con la visión de Cornelio. ¡La visión del santo apóstol de Jesucristo está incompleta sin la visión del invasor extranjero que había llegado a ser un hombre temeroso de Dios!

El tercer episodio de la historia describe el viaje de Pedro a Cesarea del Mar (10.23b-48). Pedro viaja acompañado de otros hombres, seis según 11.12, quizás para que sirvieran como testigos de lo que habría de acontecer en Cesarea.[152] El encuentro entre el apóstol y el soldado es extraño. Aunque se encontraban a solo unas 30 millas o 48 kilómetros de distancia,[153] ambos hombres vivían en mundos diferentes.

Pedro era un hombre judío que vivía en Galilea, la región más pobre de Israel, cuyas fronteras tocaban varias tierras extranjeras.

Cornelio era un soldado que gozaba de la ciudadanía romana. Vivía en una colonia romana que excluía a las personas que no tenían dicha ciudadanía.

Pedro era un líder judeocristiano, que había caminado con el mismísimo Jesús.

Cornelio era un hombre extranjero, cuya relación con la fe judía era tenue y cuya relación con la comunidad cristiana era nula. Ni siquiera sabía quién era Pedro hasta que la visión le ordenó que mandara a buscarlo. Con toda probabilidad, nunca había escuchado hablar de Jesús.

Pedro era un hombre colonizado, sometido por el poderío militar del ejército romano.

Cornelio era un colonizador, que disfrutaba de una posición privilegiada en la sociedad.

A pesar de estas diferencias, Pedro llega a la casa de Cornelio. Confundido, el Centurión se arrodilla ante el pobre pescador Galileo y le «adora» (10.25). El hombre «blanco» se arrodilla ante el hombre de color.

---

[152] González, 174.
[153] Marshall, 184.

Pedro rechaza el acto de adoración, afirmando que él es tan ser humano como Cornelio (10.26). Sin embargo, Pedro pronto contará la historia de otro hombre galileo, pobre y colonizado que sí merece toda adoración y toda gloria.

El apóstol comienza el diálogo indicando que él está violando la ley y la tradición judía que prohibía la comunidad de mesa con personas no-judías. Pedro está rompiendo con la ley de Moisés porque, finalmente, ha comprendido un aspecto muy importante de la visión que tuvo en Jope: Dios le ha enseñado que no debe llamar «impura» a persona alguna (10.28b). Sin embargo, él pregunta por qué ha sido convocado a la reunión (10.29). Cornelio responde, narrando la visión que había tenido tanto al apóstol como al resto de los presentes (10.30-33). En ese momento, ambas visiones se unen, revelando el plan de Dios para la salvación tanto de judíos como de gentiles.

Después de comprender a plenitud el significado de las visiones, Pedro procede a predicar el evangelio del Dios revelado en la vida y el ministerio de Jesús de Nazaret (10.34-43). Pedro habló de la crucifixión de Jesús, un castigo reservado para personas no-ciudadanas acusadas de revelarse contra el gobierno romano (10.39). Pedro también proclamó la crucifixión, el evento a través del cual Dios reveló a Jesús de Nazaret, un hombre judío, como el Cristo, el Señor y el Salvador del mundo (10.40-41).

Pedro estaba todavía hablando cuando «el Espíritu Santo cayó sobre todos los que oían el discurso» (10.44b). Pedro y el resto de los judeocristianos que lo acompañaban estaban atónitos, viendo el nacimiento de los primeros cristianos de trasfondo pagano (10.45). Los nuevos creyentes hasta hablaron en otras lenguas (10.46), el mismo don espiritual que Dios le había dado a los cristianos de trasfondo judío en el día de Pentecostés (compare con Hch 2.1-4). Una vez «bautizados» con el Espíritu Santo, Pedro no vio razón alguna para negarles el bautismo cristiano (10.47-48).

La cuarta escena describe el informe que Pedro presentó ante las autoridades de la Iglesia en Jerusalén (11.1-18). Como es de esperar, algunos líderes judeocristianos protestaron contra la idea de abrir la fe cristiana a las personas no-judías. La posición de este grupo era—y siguió siendo por algún tiempo—que las personas gentiles que desearan formar parte de la Iglesia debían abandonar su identidad étnica, convirtiéndose en prosélitos judíos antes de convertirse al cristianismo. Esta controversia persistió en el cristianismo por casi todo el primer siglo. Vemos evidencias de las profundas divisiones provocadas por estas controversias en el capítulo 15 del libro de los Hechos de los Apóstoles y en la Epístola del Apóstol Pablo a los Gálatas.

El punto es que el liderazgo judeocristiano, exigiendo explicaciones, confrontó a Pedro. Éste ofreció un informe detallado de las dos visiones. En un momento dramático del informe, Pedro afirma que «En aquel instante llegaron tres hombres a la casa donde yo estaba, enviados a mí desde Cesarea. Y el Espíritu me dijo que fuera con ellos sin dudar» (11.11-12). De este modo, Pedro afirma que la idea de evangelizar a las personas no-judías viene directamente de Dios. Dios es, pues, el «fundador» de la misión a los gentiles.[154]

Pedro también describió su visita a Cornelio, su poderoso sermón y la forma como el Espíritu Santo cayó sobre la audiencia gentil. El texto aún cita palabras de Jesús, algo raro fuera de los evangelios:

> Cuando comencé a hablar, cayó el Espíritu Santo sobre ellos, como también sobre nosotros al principio. Entonces me acordé de lo dicho por el Señor, cuando dijo: «Juan ciertamente bautizó en agua, pero vosotros seréis bautizados con el Espíritu Santo.» Si Dios, pues, les concedió también el mismo don que a nosotros que

---

[154] Haenchen, 357.

hemos creído en el Señor Jesucristo, ¿quién era yo que pudiera estorbar a Dios? (Hch. 11.15-17)

La historia termina con una nota positiva, ya que el liderazgo judeocristiano alaba a Dios, diciendo: «¡De manera que también a los gentiles ha dado Dios arrepentimiento para vida!» (11.18). Sin embargo, sabemos que el proceso que condujo a la aceptación de personas no-judías en la iglesia no fue fácil. Unos cuantos capítulos después, encontramos el recuento del Concilio de Jerusalén, convocado precisamente para lidiar con el problema de la diversidad étnica de la creciente Iglesia primitiva.

II. Implicaciones hermenéuticas

Como toda historia bíblica, la historia de la conversión de Cornelio tiene varias implicaciones hermenéuticas para la Iglesia. Leída desde diferentes puntos de vista, puede llevarnos a diversas conclusiones.

Sin embargo, en esta ocasión deseo hablar sobre el tema de la diversidad étnica. En algún momento, todo movimiento religioso se ve forzado a decidir cómo ha de lidiar con el problema de la incorporación de nuevos miembros al movimiento. Las opciones no son muchas. Por un lado, los nuevos miembros pueden ser forzados a asimilar la cultura y las prácticas del movimiento. Esta fue, por ejemplo, la opción tomada por el Islam. La inmensa mayoría de las sectas islámicas se niegan a traducir el Corán, obligando así a los nuevos creyentes a aprender a leer el idioma árabe. Por otro lado, el movimiento religioso puede contextualizar su mensaje. Es decir, el movimiento puede buscar puntos de contacto entre sus prácticas y las nuevas culturas que pueda encontrar. Esta fue, por ejemplo, la opción tomada por el Cristianismo. Desde el principio, el Cristianismo decidió traducir sus textos sagrados, sus prácticas litúrgicas y su predicación a los diferentes lenguajes de la época. De hecho, los evangelios son evidencia clara de la contextualización del mensaje cristiano.

Recordemos que, aunque Jesús hablaba un idioma llamado arameo, los evangelios fueron escritos en griego, la lengua franca del comercio internacional de la época.

La historia de Cornelio es otro ejemplo temprano de contextualización, pues marca el comienzo de una nueva etapa en la vida de la Iglesia.[155] Sin embargo, esta historia es también ejemplo de la resistencia que encuentra la Iglesia cuando trata de contextualizar el mensaje del Evangelio. La inclusión de personas no-judías en el movimiento cristiano fue muy controversial; tanto que hasta el mismo Pedro tuvo dudas al respecto. Sus dudas eran tan profundas, que Dios tuvo que propiciar una visión celestial y una orden audible para que Pedro aceptara ministrar a personas gentiles.

Hoy, al comienzo del tercer milenio, la Iglesia Cristiana está debatiendo todavía si, cuándo, y cómo lidiar con la diversidad étnica que tienen en sus filas. Como la Iglesia Primitiva, algunos líderes cristianos desean que los nuevos creyentes renuncien a su identidad cultural para poder llegar a ser miembros en plena comunión de la Iglesia. Los creyentes de trasfondo hispano que vivimos en los Estados Unidos confrontamos estas actitudes continuamente. Nuestros hermanos y nuestras hermanas de trasfondo anglo-europeo nos preguntan: «¿Por qué desean tener sus propias congregaciones hispanas? ¿Por qué desean dividir el cuerpo de Cristo? ¿Por qué no aprenden inglés, se unen a nuestras congregaciones establecida adoran con nosotros?» Aunque la mayor parte de las personas que hacen este tipo de preguntas tienen buenas intenciones, sus comentarios son racistas. Yo no tengo que dejar de ser hispano para ser un buen cristiano.

Ahora bien, las congregaciones hispanas en los Estados Unidos también enfrentan el problema de la diversidad cultural desde adentro. La población hispana proviene de más de 22 países distintos. Sin embargo, 65% de las personas hispanas tienen raíces mexicanas, 10% provienen de Puerto Rico y 4%

---

[155] Marshall, 180.

de Cuba. Un 14% vienen de Centro y Sur América y un 7% provienen de otros lugares.[156] Esto quiere decir que la mayor parte de nuestras iglesias son predominantemente mexicanas, puertorriqueñas, cubanas o centroamericanas. El grupo dominante impone su forma de hablar español, su estilo de adoración, sus preferencias musicales, su comida y, en fin, su cultura. Los grupos minoritarios se sienten excluidos y discriminados por el liderazgo establecido.

Otra fuente de problemas interculturales es la diversidad generacional de nuestras congregaciones. En toda sociedad, la juventud tiene su propia subcultura.[157] La juventud tiene su propia manera de hablar, su propia manera de vestir y su propia música. Estas diferencias ocasionan discusiones y hasta conflictos entre personas de distintas generaciones. El problema es que, en la inmensa mayoría de las congregaciones, la juventud está excluida de las posiciones de liderazgo. Por lo tanto, el liderazgo establecido tiende a rechazar la manera de pensar, la vestimenta, la música, el estilo de adoración y las actividades de la juventud. En fin, nuestras congregaciones pecan contra Dios cuando, con sus actitudes, rechazan a la juventud. Con su rechazo, les fuerzan a abandonar la fe porque dan a entender que Dios mismo les rechaza.

Con toda posibilidad, el problema de la diversidad cultural en los Estados Unidos se agravará durante los próximos años. Pronto la comunidad hispana será la minoría más grande del país. En algunos estados como Texas y California, la comunidad hispana pronto sobrepasará aún a la comunidad de trasfondo anglo-europeo. A esto, debemos añadir otras realidades, como el creciente número de personas que se definen a sí mismos como «multirraciales», afirmando que tienen dos o más trasfondos étnicos. Todo esto hace el mensaje

---

[156] US Census Bureau, *Hispanic Population 2000* (www.census.gov).
[157] Sobre este tema, véase a Pablo A. Jiménez, *Introducción a los ministerios juveniles* (Austin: Libros AETH, 1997).

del encuentro entre Pedro y Cornelio más pertinente para nuestra era.

III. Conclusión

En conclusión, sobre la base de Hechos 10.1 al 11.18, proclamo las siguientes «buenas noticias» en el nombre de nuestro Señor Jesucristo.

Dios llama a la fe a personas de toda tribu, de toda lengua y de toda nación.

Las personas que creemos en el mensaje del Señor Jesucristo no tenemos que abandonar nuestra identidad étnica para poder desarrollar una relación con Dios.

Las personas que se convierten a la fe cristiana no tienen que adoptar como normativa la cultura de aquellas personas que le evangelizaron.

Por lo tanto, exhortamos a nuestros lectores a que vayan y prediquen el mensaje del Evangelio de Jesucristo a toda persona. Vayan con la intención de incluir a personas de distintos trasfondos étnicos y culturales en su tarea evangelística. Vayan y prediquen a personas de trasfondo afroamericano, asiático, indígena, anglo-europeo y de cualquier otro grupo que pueda surgir en el futuro. Vayan y prediquen a personas provenientes de todo país hispanoamericano y de cualquier edad. Y si alguien se queja de sus esfuerzos misioneros, respóndale «El Espíritu me ordenó que fuera» (Hch 11.12).

www.ingramcontent.com/pod-product-compliance
Lightning Source LLC
Chambersburg PA
CBHW060804050426
42449CB00008B/1530